"Dios está preparando a sus héroes; y cuando tenga la oportunidad, los pondrá en sus puestos en un instante, y el mundo se preguntará ¿de dónde salieron?".

—A.B. Simpson

EL LIBRO DE ORACIONES
DE UN GUERRERO ESPIRITUAL

¡Sé fuerte y valiente!
No tengas miedo ni te desanimes, porque el Señor
tu Dios está contigo dondequiera que vayas.

JOSUÉ 1:9

ORACIONES · VERSÍCULOS · PENSAMIENTOS

Compilado por

Kathryn McBride

Letcetera
PUBLISHING
CHICAGO

RECONOCIMIENTOS

*Un agradecimiento especial a mi mentora y amiga Susan Ferguson.
Una mujer sabia y noble que sirve al Señor cuidando
de los heridos y equipándolos con herramientas
para que vuelvan a la batalla.*

Gracias a los autores de estas oraciones y pensamientos:

Dr. Neil T. Anderson
Tomado de: DAILY IN CHRIST (DIARIAMENTE EN CRISTO)
Copyright © 1993 por Harvest House Publishers,
Eugene, Oregon 97402
www.harvesthousepublishers.com
Usado con permiso. Prohibida su reproducción.

"En Cristo" Tomado de: VICTORY OVER THE DARKNESS
(VICTORIA SOBRE LA OSCURIDAD), p. 38-39
Copyright © 2013 por Gospel Light/Regal Books,
Ventura, CA 93003.
Usado con permiso.

Brother Andrew
Open Doors Ministry, www.opendoorsusa.org
Usado con permiso.

Dr. Mark I. Bubeck
Usado con permiso.

Nancy DeMoss Wolgemuth
Ministerio Aviva Nuestros Corazones. www.reviveourhearts.com
Usado con permiso.

Dr. C. Fred Dickason
Ministerios Bíblicos
Usado con permiso.

Rev. Paul Estabrooks
Open Doors Ministry. www.opendoorsusa.org
Usado con permiso.

Dr. Erwin W. Lutzer
Moody Church, Chicago, www.moodychurch.org
Usado con permiso.

Stormie Omartian
Tomado de: *PRAYER WARRIOR (GUERRERO DE ORACIÓN)*
Copyright © 2013 por Stormie Omartian
Publicado en inglés por Harvest House Publishers, Eugene, Oregon 97402
www.harvesthousepublishers.com
Usado con permiso.

Dr. Ray Pritchard
Keep Believing Ministries, Dallas TX, www.keepbelieving.com
Usado con permiso.

Dr. Marcus Warner
A Deeper Walk International, www.deeperwalkinternational.com
Usado con permiso.

Traducido al español por Eduardo Nieto Horta
www.tmtranslate.com

Gracias a estos grandes hombres y mujeres, del pasado y del presente, por sus citas y pensamientos:

Stephen Carpenter; Oswald Chambers; Jim Cymbala; John Eldredge; William Gurnall; Madame Guyon; Dr. J. H. Jowett; C.S. Lewis; Life of Praise; Jim Logan; Max Lucado; Martin Luther; Mary, Queen of Scots; Victor M. Matthews; J. R. Miller; Beth Moore; George Müller; Karl Payne; Eugene H. Peterson; A.B. Simpson; Laura A. Barter Snow; Charles H. Spurgeon; Charles R. Swindoll; J.R.R. Tolkien; R.A. Torrey; A.W. Tozer; Timothy M. Warner; C. G. Trumbull; Philip Yancey; y Edward Young.
Se han hecho todos los esfuerzos para localizar a los autores desconocidos.

ISBN 978-1-942796-31-2

©2020 por Kathryn McBride
Todos los derechos reservados

Letcetera
PUBLISHING
CHICAGO

www.letcetapublishing.com

"Cristo es lo único que importa".
Colosenses 3:11

CONTENIDO

RECONOCIMIENTOS V

CÓMO USAR ESTAS ORACIONES 1

INTRODUCCIÓN 3

EFESIOS 6:10-18 7

INTRODUCCIÓN A LA GUERRA ESPIRITUAL 9
    Los pastores y la guerra espiritual 10
    Fundamento legal 12
    Autoridad 16
    Conclusión 28

LA ARMADURA DE DIOS 31
    Firmes en el poder y la armadura de Dios 32
    La armadura de Dios 33
    Oración para usar la armadura de Dios 35
    La oración de un guerrero 36
    Un guerrero orando 38

AFIRMAR 41
    Afirmando mi posición en Cristo 42
    Mi promesa de lealtad 42
    Entrega diaria 43
    Tomando una posición invencible 43
    La afirmación diaria de fe 45

RESISTE 51
    Resistencia a la oscuridad 52
    Una oración de resistencia 53
    Oración de acorralamiento 54
    Oración de Carpenter 58

RENUNCIA 65
    Renunciando a fortalezas demoníacas 66
    Renuncia a acciones personales inadecuadas 66

Renuncia a influencias ancestrales ... 66
Oración para cancelar el terreno generacional ... 67
Rompiendo maldiciones ... 67
Renunciando al orgullo y al ego ... 69
Renunciando a toda amargura y rencores ... 70
Renuncia al tratamiento inadecuado recibido ... 70
Renuncia a actitudes inadecuadas ... 71
Renuncia a prácticas ocultas personales ... 72
Renuncia a la rebelión ... 74
Eliminando influencias demoníacas ... 74
Renuncia al acoso demoníaco ... 75
Oración para desalojar demonios ... 76
Renuncia a la duda y al miedo ... 76
Renuncian al miedo ... 77
Renuncia al engaño y buscar la verdad ... 80

ATADURAS DEL ALMA ... 83

Oraciones por romper ataduras del alma ... 84
Proceso para romper ataduras del alma malsanas/pecaminosas ... 84

ORACIONES POR MÍ MISMO ... 87

Una oración por la victoria espiritual ... 88
Centrado en Dios ... 88
Oración por alegría y descanso ... 89
Oración para vivir en el Espíritu ... 90
Oración por perdón ... 90
Oración de arrepentimiento ... 91
Oración contra la tentación ... 92
Oración por sanidad física ... 93
Protección contra los lobos vestidos de oveja ... 94
Dilemas morales ... 95
Oración por protección ... 96
Oración para conocer y hablar con la verdad ... 96
Oración para confesar y cancelar los pecados ... 97
Guerra general ... 97
Cómo responder ante la lucha intensa contra Satanás ... 98
Enfrentando al enemigo ... 99

ORACIONES POR OTROS ... 105

Oración por un amigo en esclavitud ... 106
Oración por "reglas del vencedor" ... 107
Oración por la salvación de un amigo ... 107

Oración por salvación de un amigo II ... 108
Oración por unidad cristiana ... 109
Oraciones por niños mientras duermen en la noche ... 110
Protección para niños contra la violencia ... 110
Oraciones por niños en relaciones insanas ... 111
Oraciones por niños con tendencias sexuales ... 111
Resistiendo al enemigo en defensa de un niño ... 112
Oración por hijo/hija rebelde ... 112
Oración de un padre por una hija ... 113
Protección para la familia mientras duermen ... 113
Oración para limpiar el hogar ... 114
Oración para establecer un refugio espiritual ... 114
Protegiendo tu hogar ... 115
Oración por el lugar de trabajo ... 116
Falta de propósito y metas ... 118
Oración por el matrimonio ... 118
Oraciones por avivamiento ... 119
Oración por el país y por el mundo ... 120
Drogas y otros intoxicantes ... 120
Oración para atar al enemigo ... 121
La palabra de Dios ... 121

AYUDA CON ORACIÓN ... 127

Cómo orar en una situación de crisis ... 128
"Cuadro de reglas básicas" del Dr. Karl Payne ... 128
Cómo orar ... 131
¿Por qué yo? ... 138
Las promesas de Dios ... 139
Quien soy en Cristo ... 141
El corazón de Dios revive ... 143
Batalla por la mente ... 146

LAS ESCRITURAS ... 151

PENSAMIENTOS ... 163

DIARIO DE ORACIÓN ... 188

CÓMO USAR ESTAS ORACIONES

Kathryn ha compilado estas oraciones y las ha organizado para momentos específicos de guerra spiritual. Estas peticiones fueron escritas por hombres y mujeres que conocen bien las escrituras y están completamente cimentados en la palabra de Dios.

Esta es oración de guerra, y la oración de guerra requiere concentración, claridad y pensamientos precisos. Esta es una situación de emergencia porque la guerra es grave. Cuando hablamos con Dios en medio de nuestras batallas, debemos recordar que estamos hablando con el mismo Dios que dirige todas las fuerzas espirituales en los reinos celestiales.

En un comienzo, siendo joven, me sentía temerosa de usar oraciones escritas, me preocupaba que si lo hacía quizás no podría escuchar al Espíritu Santo. Pero estaba muy equivocada. En lugar de eso descubrí que expresaban las palabras que realmente quería decir. En lugar de ser restrictivos como me temía, estos patrones de oraciones fueron instructivos para mí, y me dieron una manera concisa de comunicar las palabras de mi corazón en peticiones concretas. Es consolador tenerlas como apoyo en medio de una crisis, y reforzaron mi fe cuando descubrí que a Dios le gusta que nos presentemos ante Él de una manera doctrinalmente sólida y sincera. Mi alma estaba de acuerdo con lo que estaba escrito, y me sentí conectada con otros santos que habían pasado por muchas experiencias similares. Me pareció especialmente provechoso usar estas oraciones con una Biblia abierta, ya que El Señor traía versículos a mi mente.

Este libro está dividido en secciones. La primera sección, escrita por el Dr. Marcus Warner, está titulada "Lo que todo cristiano debe saber acerca de la guerra espiritual". Después, encontramos el Capítulo Uno, *La Armadura de Dios*. Ahí encontrarás una colección de oraciones específicamente diseñadas para ayudar a "vestirse toda la armadura". Sugeriría comenzar por ahí, escogiendo una de las muchas oraciones provistas y hacer una cada día. En las siguientes secciones encontrarás capítulos organizados sobre las batallas diarias de la vida, con oraciones específicas para ti mismo y para los demás.

El libro de oraciones de un guerrero espiritual debe ser considerado una fuente de oraciones. Si quieres saber más acerca de guerra espiritual, lee cualquiera de los maravillosos libros escritos por los hombres y mujeres mencionados en estas páginas.

Esperamos que tomes estas oraciones y las uses para "batallar sobre tus rodillas", tal como estas oraciones fueron pensadas y dichas. ¡Cuán maravilloso será tener en tus manos la petición correcta, que exprese a Dios el clamor de tu corazón! Nuestro más sincero deseo es que esta colección te ayude y consuele mientras intercedes por los demás, y que esto sea de ayuda personal cuando enfrentas los diferentes desafíos y las tentaciones comunes a todos nosotros.

—*Susan Ferguson*

INTRODUCCIÓN

"Entonces hubo guerra en el cielo. Miguel y sus ángeles lucharon contra el dragón y sus ángeles. El dragón perdió la batalla y él y sus ángeles fueron expulsados del cielo. Este gran dragón —la serpiente antigua llamada diablo o Satanás, el que engaña al mundo entero— fue lanzado a la tierra junto con todos sus ángeles. Luego oí una fuerte voz que resonaba por todo el cielo: "Por fin han llegado la salvación y el poder, el reino de nuestro Dios, y la autoridad de su Cristo. Pues el acusador de nuestros hermanos —el que los acusa delante de nuestro Dios día y noche— ha sido lanzado a la tierra. Ellos lo han vencido por medio de la sangre del Cordero y por el testimonio que dieron. Y no amaron tanto la vida como para tenerle miedo a la muerte. Por lo tanto, ¡alégrense, oh cielos! ¡Y alégrense, ustedes, los que viven en los cielos! Pero el terror vendrá sobre la tierra y el mar, pues el diablo ha descendido a ustedes con gran furia, porque sabe que le queda poco tiempo". Cuando el dragón se dio cuenta de que había sido lanzado a la tierra, persiguió a la mujer que había dado a luz al hijo varón; pero a ella se le dieron dos alas como las de una gran águila para que pudiera volar al lugar que se había preparado para ella en el desierto. Allí sería cuidada y protegida lejos del dragón durante un tiempo, tiempos y la mitad de un tiempo. Luego el dragón trató de ahogar a la mujer con un torrente de agua que salía de su boca; pero entonces la tierra ayudó a la mujer y abrió la boca y tragó el río que brotaba de la boca del dragón. *Así que el dragón se enfureció contra la mujer y le declaró la guerra al resto de sus hijos, a todos los que obedecen los mandamientos de Dios y se mantienen firmes en su testimonio de Jesús*". — *Apocalipsis 12:7-17 (NTV)*

Satanás nos odia y quiere destruirnos, porque Dios nos ama. Nosotros contamos con el regalo único de portar Su imagen *(Genesis 1:26-27)*. Sabemos que quienes le pertenecen han sido conocidos y amados por Él desde la creación del mundo *(Efesios 1:4)*. Él nos tejió en el vientre de nuestra madre *(Salmo 139:13)* y grabó nuestros nombres en las palmas de sus manos *(Isaías 49:16)*. Aunque hemos vivido en un estado de gran rebelión en contra de Él, Dios demostró este amor al enviar a Su Hijo unigénito para redimirnos llevando nuestra maldición en la cruz del Calvario *(Romanos 5:8)* Dicho en términos sencillos, Él pagó la deuda por nosotros sabiendo que no podíamos hacerlo. Tras finalizar su obra redentora en el madero, Jesús resucitó de la tumba y con un gran estruendo de poder proclamó Su victoria sobre la muerte y el infierno, una vez para siempre *(2 Timoteo 1:10)*. Este Señor resucitado ahora se encuentra sentado a la diestra de Dios el Padre e incluso ahora mismo está intercediendo en nombre de sus santos *(Romanos 8:34)*. Nosotros, quiénes hemos sido redimidos, también hemos sido adoptados como hijos e hijas y hemos recibido Su Espíritu Santo como un sello hasta que nos llame a casa *(Efesios 1:5; 13-14)*. Este Señor crucificado y resucitado es el Alfa y el Omega, el principio y el fin *(Apocalipsis 1:8)*. Él es el gran, YO SOY *(Juan 8:58)*. Él irradia la gloria de Dios y expresa el carácter mismo de Dios, *(Hebreos 1:3)*, mientras las huestes celestiales claman continuamente a Él, Santo, Santo, Santo *(Apocalipsis 4:8)*.

¿Te sorprende que Satanás quiera destruirnos? Desde nuestro primer aliento nos vimos envueltos en medio de esta guerra, una guerra que ha existido desde ese primer intento golpe de estado. A menudo no podemos ver la batalla porque no es de carne y hueso. Sin embargo, sí vemos los efectos de esta guerra: las naciones se levantan unas contra otras, los cristianos son perseguidos en todo el mundo, hay violencia en las calles, engaño, egoísmo, adicciones, orgullo, rebelión, miedo, enfermedad, explotación, aislamiento, muerte y destrucción de la inocencia. ¿Captas la imagen? ¿Entonces, qué deberíamos hacer? Deberíamos orar. Debemos tomar nuestras armas y entrar a las trincheras. En esta guerra, si no eres un guerrero, *serás* una baja.

Todos los guerreros reciben órdenes. Dios nos ha dado órdenes por medio de las escrituras. Jesús dijo, "Miren, los envío como ovejas en medio de lobos. Por lo tanto, sean astutos como serpientes e inofensivos como palomas" *(Mateo 10:16)*. En esta batalla, los guerreros deben ser sabios y valientes. Los guerreros no se quedan quietos en medio de la batalla sin defenderse, porque Dios nos ha proporcionado todo lo que necesitamos para luchar. Él nos ha proporcionado armas tales como el "cinturón de la verdad", para que podamos conocer la verdad y no ser víctimas de las mentiras de Satanás; la "coraza de la justicia" la cual no solo es un regalo dado por nuestro Señor, sino también una forma de vida para la cual fuimos llamados; el "calzado de la paz" para estar listos para extender al glorioso evangelio de la gracia de Dios; "el casco de la salvación" que nos da la habilidad para mirar con seguridad a los ojos de nuestro feroz enemigo, porque sabemos que Cristo ha ganado la guerra y ya tenemos garantizada la vida eterna. También nos ha dado el "escudo de la fe" para protegernos de los dardos de fuego de Satanás, y la "espada del Espíritu" que es la Palabra de Dios *(Efesios 6)*. Recuerda, nada puede tocarnos a menos que Dios lo permita. Dios está totalmente consciente de lo que estamos enfrentando en todo momento. Él no es un Ser pasivo que se queda quieto mirando lo que sucede desde la distancia *(Isaías 43:1-3)*. Él está participando activamente en la vida del creyente y ha prometido que nunca nos dejará o abandonará *(Hebreos 13:5)*. Él está aquí con nosotros y comprende nuestro sufrimiento porque fue tentado en todo como nosotros. Como resultado, nunca enfrentaremos un juicio o tribulación sin contar con Su presencia. Él conoce la profundidad de nuestras heridas y qué tan duros se sienten los golpes... Él lo sabe *(Hebreos 4:15)*.

¿Podemos escondernos de esta batalla? Muchos intentan ignorar a Satanás, esperando que al hacerlo él se vaya lejos y los deje tranquilos. Pero ¿será que sí se va? Mi amigo, Satanás está vivo y fuerte, y anda al acecho *(1 Pedro 5:8)*. ¡Pero no somos impotentes! Si eres un creyente, estas posicionalmente sentado con Cristo al lado del Padre ahora mismo *(Colosenses 3:1; Efesios 2:6)*. Te animo a tomar tu posición, participa en la batalla y cree en Su poder.

Si no eres creyente, tengo buenas noticias para ti: hay un Dios que te ama. Él es Santo y no hay nadie como Él. En nuestra rebelión, pecamos contra Él y hemos sido separados de su comunión *(Génesis 3, Romanos 3:23)*. El castigo por nuestros pecados es la muerte eterna y la separación de Su presencia *(Génesis 3 y Romanos 6:23)*. Pero Dios en Su gran amor por nosotros envió a Su hijo al mundo para rescatarnos de nuestros pecados, siendo sus enemigos, pagó nuestra deuda, perdonando así nuestros pecados *(Romanos 5:8-10, 4:25, 2 Corintios 5:21)*. Te animo a arrepentirte de tus pecados *(Hechos 3:19)* y a clamar en el nombre de

Jesús, creyendo en Él como tu Salvador *(Romanos 10:13)*. Desde ahora mismo puedes caminar con el Dios del universo y saber con certeza que pasarás toda la eternidad con Él.

He dividido este libro en cuatro secciones:

1. Una *es la introducción a la guerra espiritual* por el Dr. Marcus Warner. Una especie de "Guerra Espiritual 101" para cualquiera que desee una introducción rápida al tema.
2. Oraciones escritas por verdaderos guerreros de Dios. Les agradezco a ellos por permitirme incluirlos en este libro.
3. Versículos que me han ayudado en medio de días muy difíciles.
4. Pensamientos de grandes hombres y mujeres, del pasado y del presente, que particularmente me han impactado en los momentos donde me he encontrado en las trincheras de la vida.

Este libro inició como un proyecto personal a medida que fui recolectando oraciones y versículos que me ayudaron en mi peregrinaje personal. Con el paso del tiempo mis amigos comenzaron a pedirme copias... y en poco tiempo mi pequeño libro comenzó a cobrar vida. Desde entonces, he visto que se ha desarrollado convirtiéndose en un libro de oraciones y recursos espirituales que ha ayudado a muchos otros. En la tabla de contenidos encontrarás una lista de cada oración. Es importante mencionar que no hay nada mágico con respecto a estas oraciones. Sólo Cristo puede golpear al enemigo. Erwin Lutzer una vez dijo: "Sólo las personas desesperadas aprenden a orar" y he descubierto que eso es cierto en mi vida. Es mi deseo sincero nunca más iniciar un día sin ponerme mi armadura espiritual *(Efesios 6:10-18)* y prepararme para la batalla.

Un coronel de los Marines de los Estados Unidos una vez me dijo: "Haga un plan... reúna a sus tropas... y saque su espada".

Me parece un buen consejo. ¿Quién está conmigo?

—Kathryn McBride

EFESIOS 6:10 - 18

Una palabra final: sean fuertes en el Señor y en su gran poder. Pónganse toda la armadura de Dios para poder mantenerse firmes contra todas las estrategias del diablo. Pues no luchamos contra enemigos de carne y hueso, sino contra gobernadores malignos y autoridades del mundo invisible, contra fuerzas poderosas de este mundo tenebroso y contra espíritus malignos de los lugares celestiales.

Por lo tanto, pónganse todas las piezas de la armadura de Dios para poder resistir al enemigo en el tiempo del mal. Así, después de la batalla, todavía seguirán de pie, firmes. Defiendan su posición, poniéndose el cinturón de la verdad y la coraza de la justicia de Dios. Pónganse como calzado la paz que proviene de la Buena Noticia a fin de estar completamente preparados. Además de todo eso, levanten el escudo de la fe para detener las flechas encendidas del diablo. Pónganse la salvación como casco y tomen la espada del Espíritu, la cual es la palabra de Dios.

Oren en el Espíritu en todo momento y en toda ocasión. Manténganse alerta y sean persistentes en sus oraciones por todos los creyentes en todas partes.

EL CINTURÓN DE LA VERDAD

LA CORAZA DE LA JUSTICIA

EL CALZADO DE LA PAZ

EL ESCUDO DE LA FE

EL CASCO DE LA SALVACIÓN

LA ESPADA DEL ESPÍRITU

INTRODUCCIÓN A LA
GUERRA ESPIRITUAL

Dr. Marcus Warner

La guerra espiritual no es una actividad opcional para los creyentes. No es un programa en la iglesia al que te puedes inscribir o decides ignorar. Nada te garantiza inmunidad ni puedes vacunarte contra los efectos del diablo si recibes una inyección del Espíritu Santo. Vivimos en un mundo en guerra. No tenemos elección en este sentido. Nacimos en medio de un gran conflicto cósmico que afecta cada área de la vida. Como cristianos, en realidad no tenemos opción. Podemos vivir en temor e ignorancia, o podemos aprender a luchar. Así que, ¿dónde la Biblia dice "ignora al demonio y dejará de molestarte"? ¡En ninguna parte! En repetidas ocasiones nos advierte: "¡estén alerta!" ¡Estén preparados! ¡Vístanse su armadura! ¡Resistan!" Estas no son palabras pasivas. Somos llamados a ser intencionales y diligentes en prepararnos para la batalla. Es hora de que la iglesia despierte a la realidad de la guerra y prepare a su gente y a sus líderes para la batalla.

Mi experiencia con la guerra espiritual comenzó a la edad de siete años. Vi un demonio en el comedor de mi casa mirándome. Era una cosa grande negra con ojos rojos. Como podrás imaginarte, eso me aterrorizó y comencé a gritar. Las demás personas que estaban conmigo no podían verlo, pero esa cosa no era una simple imagen vaga; parecía estar físicamente presente en aquel sitio. Desde entonces he conocido a otros niños que han tenido visitantes nocturnos y han vivido con actividades paranormales en sus casas. En una ocasión, un amigo me llamó porque su hijo tenía miedo de dormir en su habitación. Al parecer, de vez en cuando veía a una anciana que aparecía sentada en una silla mecedora. Él quería saber si yo pensaba que era sólo la imaginación del niño o si esa podía ser una manifestación demoniaca. Yo le dije que sin duda eso podía ser demoniaco y le aconsejé que limpiara la habitación del niño renunciando a cualquier pretensión que el enemigo tuviera en esa casa, ordenando a cualquier espíritu asignado a ese lugar o a su hijo que se fuera e invitando a Jesús a llenar con su presencia la casa, y en especial aquella recámara. Han pasado ya varios años y ellos nunca tuvieron otro episodio con visitantes extraños en casa.

El demonio que vi en mi casa apareció una semana después que mis padres se encontraron con ese espíritu maligno. Era un acto de intimidación. Mi padre lo explicó de esta manera: Satanás le estaba ofreciendo un trato: "Usted me deja tranquilo y yo lo dejo tranquilo a usted. Y es mejor que me deje tranquilo, porque si no lo hace, ¡mire lo que puedo hacerles a sus hijos!" El diablo estaba tratando de intimidar a mis padres por medio de mí. Gracias a Dios, mis padres fueron sabios y lo suficientemente valientes como para entender que con el diablo no se hacen tratos. A él hay que resistirlo. Mis padres comenzaron a enseñarme cómo batallar usando la escritura y orando en el nombre de Jesús. El demonio volvió una noche, pero yo estaba preparado y no tardó en desalojar. ¿Quién sabría que resistir al diablo funcionaría mejor que gritar y esconderse?

LOS PASTORES Y LA GUERRA ESPIRITUAL

Lamentablemente, muy pocos cristianos están entrenados para la guerra. Incluso es difícil encontrar pastores que sepan qué hacer con el enemigo. Nuestros seminarios y universidades bíblicas rara vez tratan con este tema de manera práctica, y en la actualidad muchos enseñan paradigmas peligrosamente falsos acerca de la guerra espiritual, advirtiendo a las personas que no se involucren con este asunto.

Recibí la llamada de un joven pastor que estaba en medio de una crisis. Resulta que en su oficina había una persona rodando por el piso y emitiendo ruidos demoniacos. Él había recibido entrenamiento en un reconocido seminario a nivel nacional, pero uno que promueve el estilo de consejería bíblica de la NANC[1], y excluye todas las demás

---

[1] NANC es la sigla en inglés para la Asociación Nacional de Consejeros Nouréticos. Ellos practican una forma de consejería bíblica de la que hay mucho que decir. Sin embargo, históricamente han luchado contra la idea de que los cristianos pueden ser demonizados.

metodologías de consejería. Nada en el seminario o en el entrenamiento ministerial lo había preparado para esto. Me dijo que había ordenado al demonio que saliera en el nombre de Jesús, pero que no había tenido efecto. Había tratado de leer las Escrituras en voz alta pero solo estaba empeorando la situación. ¡Por teléfono le di un curso relámpago sobre guerra espiritual! "La sola autoridad no va a funcionar", le dije. "Terminarás desgastándote y quedarás desanimado y derrotado. Usa tu autoridad para someter los demonios en el nombre de Jesús. Ordénales que guarden silencio y que se aquieten para que puedas hablarle a la mujer que ha venido en busca de ayuda".

Escuché mientras el pastor hacía esto y pude oír que estaba ganando control de la situación. Minutos después pudo hablar con la mujer y con alguna frecuencia repetía su instrucción al espíritu malvado para que guardara silencio. Luego le dije que este tipo de episodio demoniaco por lo general sucede sólo si la persona misma o su familia han estado involucrados de manera significativa en prácticas ocultas. Le animé a que le preguntara si alguna vez había incursionado en prácticas de ocultismo, y si lo había hecho, que renunciara a todo en lo que había participado y que usara su autoridad como cristiana para que ordenara a los demonios que por esa participación habían tenido acceso a ella, que se fueran. Él sabía que ella había crecido en una familia donde solían tener prácticas ocultas y que ella misma solía participar en lecturas de cartas de tarot, tablas Ouija y otras formas de brujería.

Debo reconocer que el pastor manejó la situación muy bien. Tan pronto captó los conceptos básicos para usar la autoridad para someter, renunciando a los pecados que tenían la puerta abierta a los demonios, y ayudando a la mujer a usar su propia autoridad en Cristo para desalojarlos, comenzaron a avanzar. Unos días después me llamó y dijo que después de dos sesiones creía que la mujer estaba completamente libre de los demonios. Ahora estaban trabajando en discipularla para edificar su fe. Sin embargo, tenía dos preguntas muy buenas: "¿por qué me enseñaron que estas cosas no pueden suceder a los cristianos? Y ¿a dónde puedo ir para aprender para ayudar a personas en esta condición?" Pude referirle el libro de Mark Bubeck, *The Adversary*

(El Adversario), y a uno escrito por mi padre y Neil Anderson, *The Beginner's Guide to Spiritual Warfare (Guía de principiantes para la guerra espiritual)*. Pocos meses después, él y su esposa asistieron a uno de nuestros cursos de entrenamiento y me hablaron de las muchas victorias que estaban comenzando a ver, y del crecimiento que él estaba teniendo en el proceso.

En esta sección quiero explicar los dos principios más elementales del ministerio de guerra espiritual: el fundamento legal y la autoridad. Si captas estos dos conceptos y cómo se relacionan entre sí, esto te ayudará mucho a entender la batalla espiritual en la que nos encontramos.

Fundamento legal

El fundamento legal es el permiso para actuar. Los demonios necesitan permiso para hacer lo que hacen. Al comienzo de esta era, Dios decretó que Satanás y sus demonios tienen libertad para recorrer la tierra. Sin embargo, no tienen libertad para hacer lo que quieran, de lo contrario todos estaríamos muertos. Satanás tuvo que obtener permiso para atacar a Job *(Job 1-2)* Tuvo que pedir autorización para "zarandear" a Pedro *(Lucas 22:31)*. Así mismo, los demonios necesitan autorización legal de la corte del cielo para oprimir a las personas o gobernar un territorio. En los últimos días, Dios dará a satanás permiso para hacer guerra contra los santos y vencerlos *(Apocalipsis 13:7)*. Satanás recibirá el derecho legal para hacerlo durante una cantidad de tiempo limitada y de una manera limitada, solo por decreto de Dios. Pero también hay momentos en los que nosotros damos permiso al diablo para que actúe en nuestras vidas gracias a las decisiones que tomamos. Cuando pecamos, o cuando hacemos acuerdos con el diablo, le damos el derecho legal de tener más actividad en nuestras vidas, que la que podría tener si no lo hiciéramos.

Todas las poblaciones localizadas en una región en particular (tales como países, provincias o distritos) pueden dar permiso para que haya mayor actividad de demonios cuando sus líderes hacen pactos con dioses falsos. Cuando Moab eligió a Quemos como su Dios *(Números 21:29)*, esto dio permiso a los demonios asociadas con ese dios para que tuvieran mucha más actividad en ese país, en comparación a la que podrían haber tenido sin la idolatría del pueblo. Así mismo, las personas, incluso los cristianos, pueden optar por dar a los demonios un derecho legar para actuar en sus vidas.

El punto es este: Si un demonio tiene derecho legal para estar en alguna parte, no puedes venir y decir: "¡váyase en el nombre de Jesús!" Sería como tratar de desalojar a alguien de una casa teniendo un contrato que le da el derecho legal para estar ahí. Si quieres deshacerte de la persona, debes eliminar el "sustento legal" que los protege. Las personas que resultan en encuentros largos de gritos con demonios que se extienden por horas, tienen problemas porque están tratando de desalojar un demonio que tiene el derecho legal para estar en ese lugar. Por mucho que grites "en el nombre de Jesús ordeno que salga", eso no hará que se vaya. En la mayoría de los casos un método práctico de liberación bíblicamente equilibrado se da al eliminar el fundamento legal. Una vez hecho esto, la expulsión por lo general es fácil. En esencia, eliminar fundamento es cuestión de confesar los pecados, perdonar dudas o renunciar a mentiras, y luego cancelar las influencias demoniacas cimentadas en esos pecados, deudas y mentiras.

Los cristianos y los demonios. En una ocasión di una charla sobre guerra espiritual a un grupo de estudiantes de secundaria, titulada "cómo hacer que el diablo sea tu compañero de habitación". En la charla hablé sobre cuatro puertas que a menudo abrimos e invitan al diablo a nuestras vidas muchas veces sin siquiera saberlo nosotros. Las cuatro puertas se pueden recordar con la sigla POFL. Esto es pecado (P), ocultismo (O), falta de perdón (F) y linaje (L). El principio bíblico aquí suele ser llamado el fundamento legal. Está arraigado en la afirmación que Pablo hizo en Efesios 4:27, diciendo que los creyentes pueden dar lugar al diablo en sus vidas. La palabra traducida como "lugar" se refiere a terreno o territorio que cedemos al diablo mediante las decisiones que tomamos. Es llamado fundamento legal porque el diablo necesita autorización legal de parte de la corte celestial para estar ahí. La Biblia claramente enseña que Dios es soberano. Está sentado en Su trono y todo el mundo está sujeto a Él, incluyendo el diablo. Para Sus propios propósitos y gloria, Dios ha decretado que en esta era presente y malvada Satanás tendrá libertad limitada para recorrer la tierra y desafiar la gloria de Dios aquí. Así como Satanás buscó permiso para zarandear a Pedro *(Mateo 26)* y atacar a Job *(Job 1, 2)*, también necesita autorización legal para hacer todo lo que hace. A menudo, sin darnos cuenta, cuando participamos en pecados, en prácticas ocultas, cuando no perdonamos o cuando aceptamos sus mentiras como si fueran verdad, le damos derecho legal para tener más actividad en nuestras vidas, que la que podría tener si no lo hiciéramos. Al hacer esas cosas, le damos derecho legal que abre la puerta para que actúe en nuestras vidas. Por esta razón el fundamento legal a veces se menciona como terreno cedido.

La pregunta que suele hacerse es "¿cómo un cristiano puede tener un demonio?" En realidad, no es una pregunta muy difícil de responder si pones el paradigma real en su lugar. Nuestro problema es que nos hemos inclinado a adoptar un modelo de posesión u opresión para entender el tema en torno a la discusión. Comencemos por ver que la palabra posesión nunca se menciona en la Biblia. Comenzó cuando los traductores de la versión Reina Valera llegaron a la palabra griega *daimonizomai* y en lugar de crear una nueva palabra en español directamente del griego como "demonizado" tal como lo hicieron con la forma en pronombre de la misma palabra, usaron la palabra "poseído" en un intento por traducirla. En la palabra *daimonizomai* no hay nada que implique posesión. Posesión se refiere a propiedad y los cristianos son "propiedad" del Señor Jesucristo quien nos compró con su sangre. Los cristianos no pueden ser "poseídos" en ese sentido de la palabra. Sin embargo, los cristianos sí pueden estar demonizados. Es por esto que Pablo advierte a los corintios que participar en prácticas paganas ocultistas de adoración los hacía tener "comunión" *(koinonia)* con los demonios *(1 Corintios 10:20-22)*. Cuando un cristiano comienza a tener "comunión" con demonios, está abriendo la puerta a toda clase de problemas. Permíteme describir cómo funciona.

El templo: En Ezequiel 8-10 el Espíritu del Señor dio al profeta una visión de las abominaciones que se estaban dando en Su templo. Él vio a los setenta ancianos de Israel ofreciendo incienso a dioses paganos. Vio que las mujeres de Israel hacían el duelo ritual para Tammuz (un dios babilonio cuya historia mitológica narra que fue muerto en batalla sólo para ser resucitado por su consorte Ishtar; similar a las historias mitológicas de Baal y Asera en Canaán y Osiris e Isis en Egipto). Se creía que los rituales de lamento traían bendición y fertilidad a la tierra y a las familias de los que rendían estos cultos. En la corte interna, Ezequiel vio 25 hombres postrándose en adoración ante el sol. Afuera del templo, la ciudad misma estaba llena de violencia y perversión. Sin embargo, mientras todo esto sucedía, la gloria shekinah seguía reposando sobre el Santo de los santos. En el capítulo diez, el profeta describe con gran detalle la salida de la presencia de Dios y del trono del templo, para que pudiera ser destruido. ¿Puedes ver cómo la presencia de Dios y la presencia impía de las entidades demoniacas puede estar en el mismo templo al mismo tiempo? Dios estaba presente en la corte más interna, mientras que en las cortes más externas los demonios estaban siendo convocados por los rituales que se hacían. Lo mismo sucede con un cristiano. El espíritu de Dios puede vivir en nuestros corazones, pero eso no quiere decir que en nuestra carne no podamos dar lugar a que residan los demonios.

¿Cómo podemos salir de esta situación? Esa pregunta la trato más a fondo en mi folleto, *"Lo que todo cristiano debe conocer acerca de la guerra espiritual"*. Por ahora, espero que esas analogías te hayan ayudado a ver cómo los cristianos pueden ceder "terreno" de tal forma que le dan al diablo un derecho legal a tener lugar en sus vidas. En *Waking the Dead (Despertando a los Muertos)*, John Eldredge lo explica de esta manera:

> *Lo que (Satanás) busca es algún tipo de 'acuerdo' de nuestra parte. Espera que creamos cualquier cosa que nos diga, ofrezca o insinúe. Nuestros primeros padres lo hicieron y mira el desastre que surgió de ello. Pero esa historia no ha terminado. El enemigo sigue mintiéndonos, buscando nuestro acuerdo todos los días (152).*

Luego prosigue diciendo:

> *Todo el plan se fundamenta en acuerdos. Cuando hacemos esos acuerdos con las fuerzas demoniacas que nos sugieren cosas, pasamos a estar bajo su influencia. Pasa a ser un permiso que le damos al enemigo, algo así como un contrato. Las puertas de bronce comienzan a sonar alrededor de nosotros. Hablo en serio, quizás la mitad de las cosas que muchos están tratando de 'resolver' en las oficinas de consejería, o por las que oran en sus tiempos de quietud, son solo acuerdos que han hecho con el enemigo (154-155).*

¿Puedes ver cómo un entendimiento elemental de los métodos del diablo puede ayudarnos a reconocer lo que está sucediendo en nuestras vidas, de tal forma que podamos comenzar a luchar contra ello usando las armas y estrategias adecuadas?

Autoridad

Cuando era niña, mis padres me enseñaron a resistir el acoso de espíritus malvados diciendo: "en el nombre de Jesús ordeno que se vayan". En ese tiempo me sentía como un alguacil en el lejano oeste diciéndoles a los malos "deténganse en el nombre de la ley". Mis padres me explicaron que yo no estaba enfrentando los demonios en mi propio nombre ni mi poder. Estaba enfrentándolos en el nombre y el poder de Jesús, así como David enfrentó a Goliat en el nombre y poder del Señor. Si hubiese sido David contra Goliat, Goliat nunca habría sido derrotado. Pero era Goliat contra el Dios altísimo. David solo era el representante que Dios eligió usar.

Actuar en el nombre de Jesús es actuar dentro de los límites de la autoridad que Él nos ha delegado. Hacer algo "en Su nombre" es hacerlo como Sus representantes, así como el alguacil representa al gobierno local. Siendo niña, era obvio que para mí que los demonios eran más poderosos que yo. Si la lucha era entre mi poder y el de ellos, ellos siempre iban a ganar. Pero cuando enfrentaba el enemigo en el nombre de Jesús, ellos debían escuchar porque, si elegían molestarme, sabían que estaban buscando problemas con Jesús. Era como si un policía me detuviera en el camino y yo dijera, "ah, es Joe. No es un buen policía e incluso es peor como padre y esposo. No tengo que escucharlo". Su autoridad en ese entorno no tiene nada que ver con sus competencias o su carácter. Tiene que ver con el gobierno que representa. Si está dentro de los límites de la ley al tratar conmigo, tiene autoridad sobre mí. Así mismo, los cristianos somos como oficiales de policía. Ya sea que nos hayamos graduado de la academia ayer o seamos veteranos de treinta años, todos tenemos la misma autoridad. Es solo que algunos tienen más experiencia usándola.

La autoridad de los cristianos sobre los demonios no es un don espiritual. No caigas en la trampa de pensar que algunos cristianos tienen esta autoridad y otros no. La autoridad del creyente está arraigada en el hecho de que estamos en Cristo, y en Cristo estamos sentados con Él en los lugares celestiales, muy por encima de los ángeles, sean caídos o no. Cuando Jesús derrotó a Satanás en la cruz y resucitó, recibió un nombre sobre todo nombre *(Filipenses 2:9)*. Es por esto que Jesús les dijo a sus discípulos, "toda autoridad me es dada en los cielos y en la tierra" *(Mateo 28:18-19)*. Nuestro Señor ha recibido la más alta posición de autoridad en el universo. En Cristo, parte de esa autoridad nos ha sido delegada para que la ejerzamos en armonía con Su voluntad y sus propósitos.

El siguiente diagrama ilustra nuestra posición de autoridad. Los humanos fueron hechos "poco menores que los ángeles". Las estrellas representan los ángeles y la estrella al revés representa a Satanás y sus demonios.

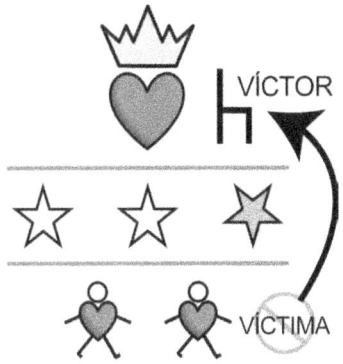

Si yo fuera a enfrentar el adversario en mis propias fuerzas, él estaría en una posición dominante sobre mí. Desafortunadamente, muchos cristianos viven de esta forma. Eso nos mantiene en la posición de "víctimas". Si creemos que esto es verdad, terminará robándonos uno de nuestros más grandes recursos y nos dejará derrotados y desanimados. Sin embargo, Jesús se hizo a sí mismo un poco menor que los ángeles al hacerse humano. No solo eso, se hizo un siervo. Es más, puso su vida por nosotros y murió por los pecados de todo el mundo. De esta manera desarmó a las huestes angelicales que estaban en guerra contra él. Derrotó a Satanás y le quitó las llaves de la muerte y el Hades. Luego resucitó y ascendió al cielo donde Dios lo sentó por encima de todos los principados y potestades. En Efesios 2:6 leemos que Dios nos resucitó juntamente con Cristo y nos hizo sentar juntamente con él en los lugares celestiales. Desde esta posición a la diestra del Padre, tenemos intimidad con Dios y autoridad sobre el enemigo. Ya no luchamos como víctimas, sino que hacemos guerra como victoriosos.

Hay dos errores iguales y opuestos en los que los cristianos a veces caen respecto a la autoridad. En primer lugar, hay quienes creen que los cristianos no tienen autoridad. Ellos suelen citar un texto como Judas en el que Miguel no reprendió a Lucifer, sino que dijo, "el Señor te reprenda". Ellos afirman que si Miguel, que es mayor que nosotros, no tuvo autoridad sobre Lucifer, ¿por qué nosotros sí la tendríamos? Ahora que has visto el diagrama de autoridad de nuestra posición en Cristo, ¿cómo responderías a esa pregunta? Espero que reconozcas que Miguel y Lucifer son iguales en autoridad. Los ángeles, incluso los arcángeles, no están sentados con Cristo a la diestra del Padre Dios Todopoderoso. También se debe indicar que los humanos de los que se habla en la carta de Judas son maestros falsos que no son cristianos, y, por lo tanto, no reclaman su autoridad. Ese pasaje se debe entender en el contexto de un apóstol que estaba "contendiendo por la fe" contra los burladores que se habían infiltrado en el rebaño como lobos vestidos de ovejas. El propósito principal de Judas no es abordar el tema de la autoridad, sino señalar la arrogancia de estos falsos maestros.

Segundo, hay quienes creen que los cristianos tienen TODA la autoridad. Nuestra autoridad como cristianos la limita la ley. No tenemos autoridad ilimitada. Si así fuera, podríamos ir a cualquier hospital y decir: "En el nombre de Jesús, todo el mundo está sano". O podríamos ir a un templo hindú y expulsar a todos los espíritus demoníacos. Si habláramos, sería como si Jesús estuviera hablando. Pero solo podemos usar nuestra autoridad hasta el límite en que los decretos y las leyes de la corte del cielo nos permitan usarla. Por ejemplo, si un oficial de policía te detiene y dice: "Lo siento. Usted iba quince millas por hora por encima del límite de velocidad, tengo que darle una multa", tendría todo el derecho a hacerlo. Pero si el mismo oficial te detiene y dice: "Lo siento, pero su aliento apesta, le daré una multa", bueno, no tiene la autoridad para hacerlo. Su autoridad está limitada por la ley. Si la ley dice que hay un límite de velocidad y violas el límite, un oficial de policía puede darte una multa; y si te resistes a su autoridad, estarás luchando, no solo con el oficial, sino con todo el poder del gobierno representado por el oficial. Así mismo, yo puedo usar mi autoridad sobre un demonio si ese demonio está haciendo algo que no tiene derecho a hacer. Pero si el demonio tiene "derecho legal", no puedo desalojarlo simplemente porque me da la gana. Antes de poder decirle que se vaya, tengo que reclamar el terreno cedido.

Usos de autoridad

Hay tres principales usos de la autoridad como creyente: (1) atar, (2) desatar y (3) desalojar.

Atar: la palabra griega "obligar" es *deo* y "desatar" es *luo*. Deo se usa normalmente para asegurar a prisioneros atándolos con cuerdas o poniéndolos en grilletes. También se usaba para atar gavillas de grano. Jesús dijo que a veces debemos atar al hombre fuerte para robarle la casa. Esto lo hacemos en la guerra espiritual usando nuestra autoridad para atar al enemigo para que la persona a la que estamos tratando de ayudar pueda funcionar lo suficiente como para expresar su voluntad. Muchas veces he visto personas que no pudieron completar sus oraciones o expresar con palabras sus renuncias al terreno legal tomado por el enemigo, hasta que ese enemigo fue atado en el nombre de Jesús.

En una ocasión, un joven vino a verme porque estaba luchando en sus intentos de discipular a un amigo. Aunque tenía años de experiencia discipulando a otros mediante el Ministerio del Campus que ayudaba a dirigir, no estaba teniendo ningún éxito con su amigo. "No lo entiendo", dijo, "él es veterinario, es inteligente, tiene éxito, pero cada vez que hablamos de la Biblia, parece que no puede seguir la línea más simple de pensamiento. Lo he intentado todo". Luego me miró con una mirada de comprensión y agregó, "excepto la guerra espiritual". Luego me preguntó qué hacer. Le dije: "La próxima vez que te reúnas con este hombre, durante tu oración de apertura, evita que los demonios interfieran con su capacidad de procesar lo que está aprendiendo o cualquier trabajo que Dios quiera hacer". No estaba muy seguro de cómo hacerlo; así que le dije que era tan simple como decir las palabras: "En el nombre de Jesús, ato a los demonios para que no interfieran". Dijo que lo intentaría. El siguiente domingo en la iglesia, se me acercó con una expresión de asombro. "No lo vas a creer", dijo, "esta vez mi amigo no solo interactuó inteligentemente con el estudio, descubrimos que su familia ha estado practicando el ocultismo por generaciones y que él ha practicado la homosexualidad en secreto durante más de siete años". Eso tenía sentido. Ambas cosas le daban base legal al enemigo para hostigar a este hombre. "¿Entonces qué hago ahora?" Preguntó mi amigo. Le recomendé el libro *The Bondage Breaker (Rompiendo las cadenas)* de Neil Anderson y le dije que guiara a su amigo siguiendo los *Pasos hacia la libertad en Cristo*. Aquel día, este joven que era experto discipulando a otros según los modelos tradicionales de discipulado, comenzó su propio peregrinaje que abrió áreas en su propia vida en las que vivía en esclavitud y necesitaba ser libre. También pude guiarlo a través de los *Pasos hacia la Libertad* y ayudarlo a cimentarse en los fundamentos del discipulado centrado en el corazón.

Muchas veces mientras ayudo a otros a revisar su equipaje, nos encontramos con interferencia del enemigo. Por lo general me detengo y ato a los demonios para que no interfieran antes de seguir adelante.

Es sorprendente lo dramático que puede ser el cambio. En una ocasión, una mujer estaba perdonando a alguien por abusar sexualmente de ella cuando apareció una caja negra que bloqueó su recuerdo del evento. Las dos pensamos que era extraño, así que la guie para que orara: "En el nombre de Jesús, si esta caja negra es del enemigo y está interfiriendo con lo que estamos haciendo, les ordeno que la retiren ahora y que dejen de interferir". La caja negra desapareció de inmediato y ella terminó pasando un tiempo con el Señor que la llevó a una gran sanidad en el corazón. En otra ocasión, una persona tenía problemas para pronunciar las palabras cuando renunciaba a su participación en lo oculto. Comenzaba diciendo, "Renuncio a s---------", pero no podía decir el resto. (De hecho, esto lo he visto esto docenas de veces). Simplemente hicimos una pausa y atamos a los demonios que estaban interfiriendo, y así pudo terminar su oración. Cuando has tratado con esto con bastante frecuencia, aprendes a simplemente abrir tus sesiones con oración atando al enemigo para que no interfiera y para que obedezca a los mandamientos de Cristo. Un modelo bueno y muy completo para tal oración se puede encontrar en el libro de Karl Payne *"Spiritual Warfare" (Guerra Espiritual*, verás una forma de esta oración en la página 128).

Desatar: atar es algo en lo que los cristianos usan su autoridad sobre los demonios, desastar es algo que hacemos a favor de nosotros mismos y los demás. Desatar es deshacer ataduras. Es quitar las cuerdas que los demonios han usado para mantener a las personas en cautiverio. Esto podemos hacerlo mediante el perdón. Perdonar elimina las ataduras de amargura que nos mantienen conectados espiritualmente con alguien que nos ha perjudicado. También podemos hacerlo cancelando los "lazos del alma". Un lazo del alma es un vínculo demoníaco que une a dos personas. Por lo general se forma por experiencias de pecado compartido. Puede tratarse de personas que pecaron juntas, tal vez al tener relaciones sexuales fuera del matrimonio o al cometer un crimen juntos. Pero también puede tratarse de una persona que ha pecado contra otra por abuso o algún otro comportamiento no deseado. Un amigo mío estaba explicando las ataduras del alma a un amigo suyo que había tenido relaciones sexuales con muchas mujeres durante su vida. Ahora que estaba casado tenía problemas para no pensar en otras mujeres cuando estaba con su esposa y luchaba con la lujuria en general. Mi amigo le dijo que renunciara a los lazos del alma que se habían formado con las otras mujeres y que ordenara a los demonios que lo mantenían atado a esos lasos que se fueran. La próxima vez que lo vio dijo que tenía mucha más libertad que antes, pero que había una mujer con quien no parecía funcionar. Después de conversar sobre esto brevemente, mi amigo vio que había un tipo diferente de vínculo con esta mujer. El joven al que estaba ayudando había llegado a adorarla a ella como a una diosa. Ella era su fantasía, la mujer de sus sueños; y no solo tuvo que renunciar a su actividad sexual con ella, sino que tuvo que renunciar a la idolatría que la había colocado en un pedestal por encima de todos los demás. Ese resultaba ser el "fundamento legal" que debía recuperar; y, tan pronto lo hizo, experimentó una tremenda sensación de libertad. Había sido liberado de la esclavitud.

Desalojar: no solo es uso de la autoridad para atar y desatar. La autoridad se usa para desalojar espíritus malignos.

Este proceso puede explicarse con dos dispositivos de memoria simples. El primero proviene del libro de Karl Payne, *Spiritual Warfare: Christians, demonization, and Deliverance (Guerra Espiritual: Cristianos, demonización y liberación)*. Se trata de *CCO: Confesar, Cancelar y Ordenar*. El segundo es mi resumen de lo que nosotros, como cristianos, hacemos a menudo y que da permiso a los demonios para que tengan lugar en nuestras vidas. La sigla es *POFL: Pecado, Ocultismo, Falta de perdón y Linaje*. Estas son las puertas más comunes que dan terreno legal al enemigo.

C.C.O.: Karl Payne utiliza un proceso simple de tres pasos para expulsar espíritus demoníacos y que es fácil de recordar. Es siguiendo la sigla CCO: Confesar, Cancelar y Ordenar. Primero, confiesas el pecado; luego cancelas cualquier derecho que los demonios puedan tener basado en ese pecado; y luego das la orden a los demonios que se vayan. Cuando los demonios saben que no tienen más fundamento legal, y saben que tú sabes que no tienen más fundamento legal, generalmente no es difícil hacer que se vayan. Los problemas tienden a surgir cuando no se elimina el fundamento legal.

P.O.F.L: En un capítulo anterior introduje cuatro puertas que le dan al diablo un lugar en nuestras vidas: Pecado, Ocultismo, Falta de perdón y Linaje. Cada uno de estos puntos tiene un remedio. El remedio para el pecado es el arrepentimiento. El remedio para lo oculto es la renuncia. El remedio para la falta de perdón es el perdón, y el remedio para los pecados que nos llegan a través de nuestra línea familiar es cortarlos.

Los Pasos Hacia la Libertad de Neil Anderson, son un inventario exhaustivo de las siete áreas más comunes en las que cedemos terreno legal al diablo (ocultismo, engaño, amargura, orgullo, rebelión, pecado habitual y pecado generacional). Es una excelente herramienta que te guía a ti mismo o a otra persona a través de las renuncias y oraciones más comúnmente requeridas para reclamar el terreno cedido.

Pecado: Efesios 4:26 dice que el pecado da al diablo un punto de apoyo en tu vida. Para reclamar el terreno entregado al enemigo a través del pecado, simplemente debemos confesar ese pecado. Si un demonio ingresó a una persona según el fundamento legal dado por ese pecado, la confesión cancela el derecho del demonio. Sin embargo, eso no significa que el demonio se vaya automáticamente. Por lo general, los demonios deben ser desalojados. Es similar a enviar una notificación de desalojo a un inquilino que se niega a pagar su contrato de alquiler, y enviar la policía para hacer cumplir el aviso y desalojar por la fuerza a los ocupantes ilegales. La confesión es como ir a la corte del cielo para recibir el aviso de desalojo. Cancela el derecho legal a tener un lugar en tu vida. Pero a veces tienes que llamar a la policía. Esto lo haces hablando directamente a los demonios y ordenándoles que se vayan en el nombre de Jesús. A veces incluso le he pedido a Jesús que envíe ángeles santos para que los escolten. (No ordeno a los santos ángeles que hagan nada. No es apropiado. ¡Pero a menudo le pido a Jesús apoyo angelical!)

Una oración de muestra para confesar y cancelar la base legal:

> *"En el nombre de Jesús, confieso mi participación en _____. Renuncio a mi participación en este pecado y por este medio cancelo el terreno en mi vida reclamado por mi enemigo. En el nombre de Jesús, ahora le ordeno a cada demonio que aprovechó este terreno a que renuncie a su reclamo sobre mí y se vaya. Deben ir a donde el Señor Jesucristo los envíe".*

Ocultismo: si el pecado abre la puerta al diablo, entonces lo oculto es como abrir una puerta de garaje. Es pecado que te pone directamente en contacto con lo demoníaco.

Poner fin al reclamo de Satanás sobre tu vida debido a la actividad oculta comienza con la sigla CCO. Debes confesar que lo hiciste, cancelar cualquier reclamo que el enemigo pueda tener sobre ti y ordenar a los demonios que se vayan. A veces también es necesario destruir los objetos ocultos que tengas o que se han utilizado para otorgarles acceso a tu mundo. Un sacerdote tribal cuya familia había servido a un dios pagano en África durante diez generaciones hizo una ruptura decisiva con su pasado oculto. Entregó su vida a Cristo y se bautizó, luego fue al sitio ritual donde se encontraba el ídolo. Anunció al espíritu que ya no lo serviría más. Destruyó el ídolo y lo quemó en una hoguera, luego, por si acaso, roció su propia orina por todo el sitio "sagrado". Ahora, ¡eso es lo que yo llamaría una renuncia total a nuestra participación en lo oculto!

Falta de perdón: el antídoto obvio para la falta de perdón es el perdón. Sin embargo, hay algunos principios sobre el perdón que vale la pena mencionar. Primero, el perdón es una elección, no un sentimiento. Cuando perdonas a alguien, estás cancelando la deuda que se te debe. En este sentido es una transacción comercial. Puedes imaginar que estás ante un juez que te pregunta: "¿Vas a cancelar la deuda o no?" Desde una perspectiva legal, tus emociones en realidad no entran. Sin embargo, la Biblia nos dice que perdonemos "de corazón" a otros. Esto no significa que debemos esperar a elegir perdonar cuando tengamos deseos de hacerlo. Significa que debemos entrar en contacto con nuestros sentimientos cuando perdonamos y no simplemente decir las palabras por obligación. Dios no quiere que solo sigamos el libreto, ni tampoco quiere que pretendamos que todo está bien. Él quiere que confiemos que cuidará de nosotros y que dejemos en sus manos la deuda y el derecho de venganza.

Otro principio importante sobre el perdón es que no es lo mismo que la reconciliación. Para la reconciliación se necesitan dos personas. Para perdonar solo se necesita una. Puedes cancelar una deuda sin que la otra persona esté en el tribunal. Sin embargo, la reconciliación es el restablecimiento de una relación y la reconstrucción de la confianza. Sin perdón, la reconciliación no será posible, pero el perdón por sí solo no produce reconciliación. Esto lo comprendí con el relato de un pastor que fue llamado a un hogar donde la esposa acababa de descubrir que su esposo la había estado engañando con una amiga cercana. Todo tipo de escenarios pasaron por la mente de este pastor acerca de lo que iba a encontrar al llegar. Sin embargo, lo que encontró no se parecía en nada a lo que había esperado. Al llegar, el esposo estaba enojado con la esposa, ¡y no al revés! El esposo estaba enojado porque su esposa no lo "perdonaba". El hombre le dijo al pastor: "dígale a mi esposa que debe perdonarme. Dígale que debe darme un beso, dejar esto atrás y seguir como si nunca hubiera sucedido. ¡Este esposo creía que esto sería lo bíblico! En realidad, estaba confundiendo el perdón con la reconciliación, y en el proceso estaba tratando de absolverse de cualquier consecuencia por lo que había hecho. Perdonar no significa que no habrá consecuencias. Puedo perdonar a mi hijo por rebelarse en mi contra, pero eso no significa que no habrá un tiempo de espera o algo peor. La disciplina hace parte del proceso de restauración. En ocasiones la misericordia reducirá el castigo o incluso lo eliminará, pero esto no es resultado del perdón.

Cuando se trata del proceso de perdonar, animo a las personas a seguir los siguientes pasos:

- Pídele a Dios que te ayude a pensar en la persona en la forma que es más ofensiva para ti. Esto te ayuda a comprometer tu corazón para que puedas perdonar genuinamente.

- Considera las emociones y las consecuencias negativas que has tenido que soportar debido a lo que la otra persona ha hecho.
- Haz una declaración: "En el nombre de Jesús, elijo perdonar a _____ por..." e indica el comportamiento incorrecto y las consecuencias negativas contra ti.
- Pídele a Jesús que te ayude a pensar en la persona de la manera en que Él quiere que pienses. Pídele que te ayude a comprender por qué ama a esa persona, para que también puedas aprender a amarla.
- Ora pidiendo bendición sobre la persona que perdonaste y pídele al Señor que traiga lo que es bueno (incluso si lo bueno es el arrepentimiento que conduce a la vida).

Linaje: en nuestra cultura solemos ignorar el impacto que las generaciones anteriores tienen en nuestras vidas presentes. Somos tan individualistas que olvidamos que nuestras vidas fluyen de una fuente (como nuestro árbol genealógico) que a menudo tiene impurezas que nos afectan.

Los demonios de generaciones pasadas pueden afectar a las personas del presente. Quizás el bisabuelo asesinó a alguien, o la abuela practicó brujería, o papá desarrolló una adicción a la pornografía y cometió adulterio. Cualquiera de estos pecados puede abrir una puerta a la vida de esa persona. Como consecuencia, esos demonios tendrán mayor acceso al linaje familiar que si la puerta no se hubiera abierto. Si piensas que tu familia es como una casa, imagina lo que sucedería si alguien invitara a un demonio a una de las habitaciones. ¿Es probable que se quede ahí o busque una manera de quedarse en esta casa y expandir su territorio? Así mismo, cuando un demonio o unos demonios han ganado terreno en una familia, buscarán formas de quedarse y buscarán expandir su "territorio" y libertad para operar.

Un joven que necesitaba liberarse de ataques de pánico oró para que Dios le mostrara cuándo fue la primera vez que el miedo había entrado en su vida. Recordó que cuando tenía unos siete años, estando a solas en un baño, sintió que algo saltó sobre su espalda. Eso lo aterrorizó y tuvo su primer ataque de pánico. Cuando le pregunté si algún otro miembro de la familia luchaba con el miedo o con altos niveles de preocupación, mencionó que tanto su madre como su abuela estaban consumidas por la preocupación. Decidimos que era mejor renunciar a cualquier pecado ancestral que pudiera haber abierto una puerta a lo demoníaco en la línea de su familia. Al guiarlo en la oración, se quedó atascado. Comenzó a tener la interferencia de un demonio. Atamos al espíritu malvado, terminamos la oración y desalojamos al espíritu involucrado. Después de eso, el joven dijo: "Nunca habría imaginado que mis problemas tenían raíces en mi línea familiar".

Una pareja que había adoptado a un niño de origen musulmán no podía resolver los problemas de conducta con él. Él era un "terror sagrado" y con frecuencia tenía problemas en la escuela. Ellos estaban llegando al límite cuando alguien les sugirió que cortaran cualquier espíritu maligno que pudiera haber venido con él desde su origen ancestral. Una noche, mientras el niño dormía, sus padres oraron por él y cancelaron cualquier reclamo que el enemigo tuviera sobre su hijo adoptivo por los pecados de sus antepasados, y ordenaron a esos espíritus que se fueran en el nombre de Jesús. A la mañana siguiente, pudieron notar una diferencia en el nivel de calma del niño. Al final de la semana, su maestra envió a casa una nota que decía: "No sé qué han estado haciendo con su hijo, pero sea lo que sea, ¡sigan haciéndolo!" Tratar con los espíritus que habían venido por medio de la línea familiar no hizo que el niño fuera perfecto, pero lo hicieron "normal".

Tratar con el pecado generacional sigue el mismo patrón de CCO. Confiesa el pecado que dio terreno. En este caso es el pecado de un antepasado. Por lo general, puedes confesar todos los pecados que han cedido terreno, ya sea que conozcas el pecado o no, pero es buena idea mencionar los que conoces específicamente, en especial si fueron habituales o traumáticos. Cancela el terreno reclamado por el enemigo a causa de ese pecado. Específicamente, cancela cualquier reclamo que puedan tener sobre las generaciones futuras. Ordena a los demonios que se vayan.

Conclusión

El conocimiento funcional de la guerra espiritual es uno de los pilares fundamentales de la cosmovisión cristiana. Es tan primordial para nuestra comprensión de la vida cristiana como la soberanía de Dios o nuestra unión con Cristo. De hecho, diría que estos son los tres pilares centrales sobre los que descansa todo el cristianismo. El primero es nuestra unión con Cristo, que trata con nuestra muerte, resurrección y ascensión con Cristo para que ahora vivamos nuestras vidas en Él y Él en nosotros. El segundo es la soberanía de Dios, que nos enseña que Dios es lo suficientemente fuerte, sabio y bueno como para usar incluso el mal que existe y que tiene lugar en este mundo para avanzar en sus propósitos eternos para su pueblo. Por último, está la guerra espiritual. Esta doctrina nos enseña que cuando fuimos adoptados espiritualmente en la familia de Dios, nos convertimos en objetivos del archienemigo de Dios. Este enemigo trabaja activamente para asegurarse de que no vivamos nuestras vidas fundamentados en los dos primeros pilares.

Aquí es donde el cristiano encuentra el equilibrio en el estudio de la guerra espiritual. Debemos conocer a nuestro enemigo, entender sus tácticas y estar preparados para enfrentarnos a él con las armas de nuestra guerra. Pero no vivimos nuestras vidas enfocadas en el enemigo. Vivimos nuestras vidas unidos a Cristo y por fe en la soberanía de Dios. Aquí es donde está nuestro enfoque y este es el camino hacia una relación más profunda. Mi oración por ti es que no seas engañado por nuestro adversario el diablo, sino que aprendas a disfrutar de la simplicidad, la libertad y la belleza de un caminar más profundo con Cristo.

Kathryn McBride ha hecho un excelente trabajo en este libro al recopilar material de varios autores de guerra espiritual y hacerlo accesibles a las personas que se encuentran en una batalla y que necesitan orientación sobre cómo orar. Si deseas profundizar en tu estudio de este tema, recomendaría lo siguiente como un excelente lugar para comenzar.

- Mi breve libro introductorio, *What Every Believer Should Know About Spiritual Warfare (Lo que todo creyente debe saber sobre la guerra espiritual)*
- Timothy Warner (mi padre), *Spiritual Warfare* y *The Beginner's Guide to Spiritual Warfare (Guerra Espiritual* y la *Guía del Principiante a la Guerra Espiritual)* (con Neil T. Anderson)
- Neil T. Anderson, *Victory Over the Darkness* y *Bondage Breaker* (*Victoria sobre la oscuridad,* y *Rompiendo las cadenas*)
- Mark Bubeck, *The Adversary* and *Overcoming the Adversary* (*El adversario* y *Superando al Adversario*)
- Karl Payne, *Spiritual Warfare: Christians, Demonization, and Deliverance (Guerra Espiritual: Cristianos, Demonización y Liberación.)*

Acerca de Marcus Warner

El Dr. Marcus Warner es presidente de Deeper Walk International. Graduado de Trinity Evangelical Divinity School (M.Div., Th. M., D. Min.), el Dr. Warner enseñó Antiguo Testamento y Teología en el Bethel College en Mishawaka, Indiana, y luego sirvió durante siete años como pastor principal de una iglesia evangélica en Carmel, Indiana. Tiene más de veinte años de experiencia en el ministerio de guerra espiritual. Vive en el área de Indianápolis con su esposa, Brenda, y sus dos hijos, Stephanie y Benjamin.

Capítulo uno

LA ARMADURA DE DIOS

"No todo es lo que parece... naciste en un mundo en guerra. Cuando Satanás perdió la batalla con Miguel y sus ángeles, 'fue arrojado a la tierra, y sus ángeles con él' (Apocalipsis 12:9). Eso significa que ahora mismo, en esta tierra, hay cientos de miles, o tal vez millones de ángeles caídos, espíritus inmundos, empeñados en nuestra destrucción. Y, ¿cuál es la intención de Satanás? 'Está encolerizado, porque sabe que tiene poco tiempo' (v. 12) ... Tienes un enemigo. Su intención es robarte la libertad, matar tu corazón y destruir tu vida".

— John Eldredge, *Despertando a los muertos*

Firmes en el poder y la armadura de Dios

Padre Dios, nos has advertido que nuestra lucha no es contra humanos, sino contra las fuerzas espirituales dominadas por Satanás. Vengo ante ti por tu poder y fortaleza en la batalla. Permíteme permanecer en el poder que das en Cristo. No confiaré en mi poder, ni siquiera en mis oraciones. Mi fortaleza está en ti, Señor. Mi hogar está en ti, Señor. Mírame hasta la victoria.

Conforme a tus ordenes, me vestiré de toda la armadura que proporcionas. Estas piezas me las pondré con la total certeza de que son suficientes para la batalla. Sé que aunque haya momentos difíciles, tensiones, reveses e incluso algunas derrotas, Tú eres el vencedor, Señor Jesús, y yo soy el luchador. Permaneceré vestido con la armadura que proporcionas para el calor de la batalla.

Por lo tanto, dejando de lado todo pecado, orgullo, autosuficiencia y error, me vestiré la armadura completa de Dios. Reconozco que por mi posición en la gracia de Cristo, ya tengo las primeras tres piezas de la armadura. Te agradezco por el *cinturón de la verdad*, que me mantenga firme en el sistema de la verdad que se centra en la persona y en el trabajo de Cristo. Te agradezco por *la coraza de justicia*, esa justicia de Cristo que ha sido puesta a mi nombre a través de la justificación por la fe. Te agradezco por *el calzado de la paz*, que yo esté firme en paz con Dios a través de la fe en Cristo. Incluso en medio de la batalla sé que Dios está por mí y me ayudará gracias a mi relación eterna con Él por medio de la sangre de Cristo.

Ahora tomo las otras tres piezas de la armadura que has proporcionado. Levanto *el escudo de la fe*, esa gran defensa de confianza en tú persona y en tú palabra. Con ellas desviaré todas las dudas y las amenazas que el enemigo me dispare. Me pongo *el casco de la salvación*, esa protección de la esperanza y la liberación en la batalla. Estoy en el bando ganador. Dios triunfará. Satanás será derrotado. Puedo confiar en el Dios vivo en todas mis circunstancias. Ahora tomo *la espada del Espíritu*, lo que dice la Palabra de Dios y que es apropiado para mis necesidades en la batalla. Tú palabra es la verdad y dependo de ella. La guardaré en mi corazón y la usaré audazmente en contra de todo error para cortar toda falsedad y oposición.

Con el poder de Cristo y la armadura de Dios, estoy completo. Decido, a través de tú poder y gracia, permanecer firme en todas las áreas y eventos de mi vida. Confiaré en ti y solo en ti para que me cuides por mi bienestar, seguridad, libertad y desarrollo.

De nuevo afirmo mi creencia en el Señor Jesús como el Salvador resucitado, Señor y Vencedor sobre todo mal. Confieso y renuncio a todo lo que deshonra a Cristo y obstaculiza mi relación contigo y mi servicio a ti. Me someto a ti. Resisto al diablo. Confío en que harás que huya de mí. Concédeme la liberación de cualquier influencia y de cualquier control que Satanás y sus demonios puedan buscar ejercer sobre mí. Mi mente, mis emociones, mi voluntad, mi cuerpo, todo mi ser es tuyo, Señor Jesús. Rompe la esclavitud del pecado y la maldad, y libérame para vivir para tú honor y gloria. Te alabo por tú bondad, gracia, amor y poder y creo que continuarás liberándome y cultivando mi vida en tú plan bueno y soberano. *Amén.*
— *Dr. C. Fred Dickason*

LA ARMADURA DE DIOS

Señor, ayúdame a vestirme de la armadura espiritual completa que has proporcionado para mí, de modo que cada día pueda "resistir las artimañas del diablo".

El cinturón de la verdad: Señor, muéstrame cómo ceñir el centro de mi ser con tu verdad de manera que no caiga en ningún tipo de engaño. Enséñame no solo a conocer tu verdad, sino a vivirla.

La coraza de la justicia: Señor, ayúdame a ponerme la coraza de la justicia que me protege de los ataques del enemigo. Sé que tu justicia me protege, pero también sé que no debo rehusarme a usar tu justicia como chaleco antibalas haciendo lo que es recto ante tus ojos. Revélame los pensamientos, las actitudes y los hábitos de mi corazón que no te son agradables. Muéstrame lo que he hecho, o estoy a punto de hacer, que no te glorifique. Quiero ver cualquier cosa en mí que vaya en contra de tus altos estándares para mi vida, de manera que pueda confesarlo, apartarme de eso y ser limpiado de toda maldad.

El calzado de la paz: Gracias, Jesús, que tengo paz más allá de toda comprensión por lo que hiciste en la cruz por mí. Ayúdame a mantenerme firme, con mis pies protegidos mediante las buenas nuevas que ya has preparado y asegurado para mí. Porque tengo paz contigo y de ti, puedo no sólo mantenerme firme, sino también avanzar contra el enemigo y recuperar el territorio nos ha robado.

El casco de la salvación: Señor, ayúdame a ponerme el casco de la salvación, el cual protege mi cabeza y mente cada día, al recordar todo de lo que me has salvado, incluyendo las mentiras del enemigo. Permíteme recordar sólo lo que dices de mí y no lo que el enemigo quiere que piense. Gracias porque tu casco de salvación me protege de la guerra en mi mente. Tú salvación me proporciona todo lo que necesito para vivir en victoria.

El escudo de la fe: Señor, gracias por haberme dado fe y hacer crecer mi fe en tu palabra. No tengo fe en mi propia fe, como si hubiese logrado algo en mis fuerzas, pero sí tengo fe en ti y en tu fidelidad para conmigo, la cual es un escudo contra las flechas del enemigo. Así como fuiste escudo para Abrahán y para David, también eres mi escudo. Gracias porque incluso cuando mi fe tiemble, tu fidelidad nunca lo hará. "Oh Señor de los Ejércitos Celestiales, ¡qué alegría tienen los que confían en ti!" *(Salmos 84:12).* Ayúdame a recordar tu fidelidad todo el tiempo. El Señor es "mi fortaleza y mi escudo"; confío en él con todo mi corazón. "Me da su ayuda" *(Salmos 28:7).* Permíteme tomar el escudo de la fe como protección constante contra el enemigo. Mi alma espera en ti, Señor, mi ayuda y mi escudo *(Salmos 33:20).*

La espada del Espíritu: Señor, ayúdame a tomar la espada del Espíritu cada día. Tu palabra no solo me protege del enemigo, sino que es mi mejor arma en su contra. Permíteme siempre orar según la dirección de tu Espíritu, y permanecer orando tanto como deba. Enséñame a ser el guerrero de oración fuerte e inquebrantable que quieres que sea, de modo que pueda cumplir tu voluntad. En el nombre de Jesús oro. *Amén.*
—*Stormie Omartian*

ORACIÓN PARA USAR LA ARMADURA DE DIOS

Padre Altísimo, me visto de la armadura de Dios con gratitud y alabanza. Me has dado todo lo que necesito para permanecer victorioso en contra de Satanás y su reino. Con confianza tomo *el cinturón de la verdad.* Gracias a ti Satanás no puede sostenerse ante el uso audaz de la verdad. Gracias por *la coraza de justicia.* Tomo esa justicia, la cual es mía por la fe en Jesucristo. Sé que Satanás debe huir ante la justicia de Dios. Has dado la roca sólida de la paz. Declaro que la paz de Dios es mía mediante la justificación. Deseo que la paz de Dios toque mis emociones y sentimientos mediante la oración y la santificación *(Filipenses 4:6).* Con prontitud, Señor, levanto *el escudo de la fe* ante todos los misiles ardientes que Satanás lanza contra mí. Sé que eres mi escudo. Reconozco que mi mente es un blanco particular para los designios de Satanás. Cubro mi mente con el poderoso *casco de la salvación.* Con alegría levanto *la espada del Espíritu,* la cual es la Palabra de Dios. Elijo vivir en su palabra y poder. Permíteme utilizar Tu palabra para defenderme de Satanás, y también para empuñar bien la espada, para hacer retroceder a Satanás y derrotarlo.

Gracias, querido Señor por la oración. Ayúdame a mantener esta armadura bien ungida con la oración. Todas estas peticiones las presento en el nombre de nuestro Señor Jesucristo. *Amén.*
—*Dr. Mark I. Bubeck*

La oración de un guerrero

Padre Altísimo, me inclino en adoración y alabanza ante ti. Me cubro con la sangre del Señor Jesucristo como mi protección. Rindo a ti completa e irrestrictamente cada área de mi vida.

Me paro firme contra todas las maquinaciones de Satanás las cuales obstaculizan mi vida de oración. Me dirijo sólo al Dios vivo y verdadero y rechazo cualquier intrusión de Satanás en mi oración. *Satanás, te ordeno, en el nombre del Señor Jesucristo, que te alejes de mi presencia con todos tus demonios. Pongo la sangre del Señor Jesucristo entre nosotros.* Padre Altísimo, te adoro y te doy mi alabanza. Reconozco que eres digno de recibir toda la gloria, el honor y la adoración. Renuevo mi lealtad a ti y oro pidiendo que el maravilloso Espíritu Santo me capacite para este tiempo de oración. Estoy agradecido, Padre Altísimo, porque me has amado desde la eternidad pasada y enviaste al Señor Jesucristo al mundo a morir en mi lugar. Estoy agradecido de que el Señor Jesucristo haya venido como mi representante y a través de Él; me has perdonado por completo; me has adoptado en tu familia; me has dado la vida eterna; me has dado la justicia perfecta del Señor Jesucristo y ahora soy justificado. Agradezco que en Él me has hecho completo, y que te has ofrecido a ti mismo para ser mi ayuda y fortaleza cada día. Padre Altísimo, abre mis ojos para que pueda ver tu grandeza y lo completa que es tu provisión para este día. Agradezco la victoria que el Señor Jesucristo ganó por mí en la cruz, la cual me fue otorgada en su resurrección, y ahora estoy sentado con el Señor Jesucristo en los lugares celestiales. Tomo mi lugar con Él en los lugares celestiales y reconozco por fe que todos los espíritus malignos y que Satanás mismo están bajo mis pies. Por tal razón declaro que Satanás y sus espíritus malignos están sujetos a mí en el nombre del Señor Jesucristo.

Estoy agradecido por la armadura que me has dado. Me pongo *el cinturón de la verdad, la coraza de la justicia, el calzado de la paz* y *el casco de la salvación*. Levanto *el escudo de la fe* contra todos los dardos de fuego del enemigo; y tomo en mi mano derecha *la espada del Espíritu*, la palaba de Dios. Elijo utilizar Tu palabra contra todas las fuerzas del maligno en mi vida. Me pongo esta armadura, vivo y oro en completa dependencia de tu bendecido Espíritu Santo. Estoy agradecido, Padre Altísimo, que el Señor Jesucristo arruinó todos los principados y poderes, y abiertamente los puso en evidencia triunfando sobre ellos. Me apropio de toda esa victoria para mi vida hoy. Rechazo todas las insinuaciones, acusaciones y tentaciones de Satanás. Afirmo que la Palabra de Dios es verdadera y elijo vivir hoy en la luz de la Palabra de Dios. Elijo, Padre Altísimo vivir en obediencia a Ti y en comunión conmigo mismo. Abre mis ojos y muéstrame las áreas de mi vida que no te complacen. Obra en mí para limpiarme de todo el terreno que pueda darle a Satanás un punto de apoyo contra mí. En todo sentido me paro firme en lo que significa ser tú hijo adoptivo y recibo el ministerio del Espíritu Santo.

Por fe y en dependencia de ti, rechazo las obras carnales del viejo hombre y me paro firme en la victoria de la crucifixión donde el Señor Jesucristo proporcionó limpieza de mi antigua naturaleza. Me visto del nuevo hombre y me afirmo en toda la victoria de la resurrección y la provisión que Él ha hecho a mi favor para que viva por encima del pecado. Por tanto, rechazo todas las formas de egoísmo y me visto de la nueva naturaleza con su amor. Hago a un lado todas las formas de miedo y me visto de la nueva naturaleza con valentía. Dejo todo tipo de debilidad y me visto de la nueva naturaleza con sus fortalezas. Dejo toda lujuria y me visto de la nueva naturaleza con su rectitud, pureza y honestidad. Confío en que tú me muestras cómo poner esto en práctica en mi vida diaria.

En todo sentido me sostengo en la victoria de la ascensión y la glorificación del Señor Jesucristo, por la cual todos los principados y poderes fueron sujetados a Él. Reclamo mi posición en Cristo como victorioso con Él sobre todos los enemigos de mi alma. Bendito Espíritu Santo, Oro por que me llenes. Entra en mi vida, derriba todo ídolo y expulsa todo enemigo. Agradezco, Padre Altísimo, la expresión de tu voluntad para mi vida diaria, como me lo has mostrado en tu palabra. Por lo tanto, me apropio de toda la voluntad de Dios para hoy. Estoy agradecido de que me has bendecido con todas las bendiciones espirituales en los lugares celestiales en Cristo Jesús. Agradezco que me has dado una esperanza viva a través de la resurrección de Jesucristo de la muerte. Gracias por haber provisto para mí, de tal forma que puedo vivir lleno del Espíritu de Dios con amor, gozo y paz, con paciencia, amabilidad y bondad, mansedumbre, fidelidad y autocontrol en mi vida. Reconozco que esta es tu voluntad para mí y, por lo tanto, rechazo y resisto todos los esfuerzos de Satanás y sus espíritus malignos por alejarme de la voluntad de Dios. Hoy rechazo creer en mis sentimientos y levanto *el escudo de la fe* en contra de todas las acusaciones, distorsiones e insinuaciones que Satanás pondrá en mi mente. Me apropio en todo sentido de esta victoria sobre las fuerzas satánicas en mi vida. Oro en el nombre del Señor Jesucristo con acción de gracias. *Amén.*

— *Victor M. Matthews*

Un guerrero orando

O, Padre Altísimo, al iniciar el día y al levantarme esta mañana, soy consciente que estoy ingresando a un campo de batalla. Me has dado todas las armas que necesito para prepararme y hacer la guerra contra el enemigo. Al orar en el poder de tu Santo Espíritu, declaro la victoria vistiéndome de la armadura de Dios:

Primero, me pongo *el cinturón de la verdad*, para poder permanecer en la verdad de tu Palabra; no seré blanco de las mentiras de Satanás.

Luego me pongo *la coraza de la justicia* la cual es tu cobertura para mi vergüenza. Agradezco que no me tratarás conforme a lo que merecen mis pecados porque Jesús tomó sobre sí la maldición de mi pecado y a cambio me dio el regalo de protección. Señor, cambia continuamente mi corazón para que cada día mi manera de vivir refleje en la práctica cómo me ves gracias a Cristo.

Ahora me pongo *las sandalias* que me preparan para pararme y avanzar en la batalla. Creo en tu promesa de salvación y debido a esto, sé que puedo tener paz verdadera en cada circunstancia.

Ahora tomo *el escudo de la fe*. Tú, oh Señor, eres mi escudo. Me has dado el poder para decir "no" a toda impiedad. Cuando me encuentre a mí mismo bajo una gran descarga de flechas en llamas llenas de dudas y engaños, permite que encuentre mi única seguridad en que tu poder será mi defensa.

Me pongo *el casco de la salvación* y agradezco tener tanta certeza de mi salvación que puedo afrontar los ataques del enemigo sabiendo que estoy completamente protegido por Cristo.

Te agradezco, oh Dios, que me has dado una nueva naturaleza y por ese hecho siempre estaré bajo la seguridad de tu mando.

Por último, agradezco por *la espada del espíritu,* la cual es Tu Palabra. Enséñame a conocerla de manera que pueda usarla no sólo para defenderme de los ataques, sino que también pueda ser un arma para golpear al adversario con golpes constantes y fuertes.

Oh Padre, por la fe me visto de toda la armadura de Dios. Estoy preparado para usar estas armas para permanecer firme en contra de todos los ataques del malvado y para vivir confiado en la victoria que ya ganaste por mí a través del Señor Jesucristo. Es en Su nombre que oro. *Amén.*
— *Kathryn McBride*

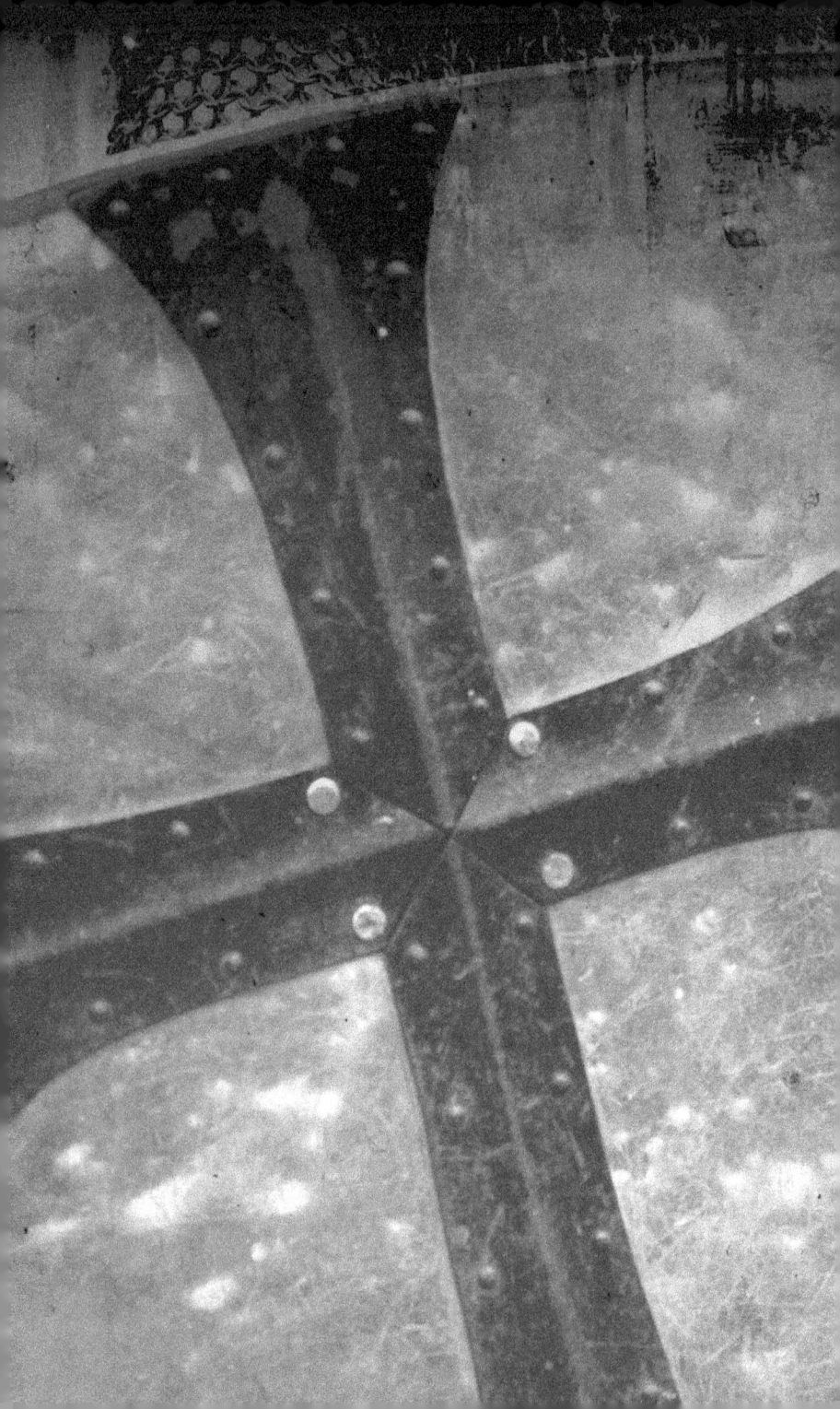

Capítulo dos

AFIRMAR

"*La mayor estrategia de Satanás es distorsionar el carácter de
Dios y la verdad de quiénes somos. Él no puede cambiar
a Dios y no puede hacer nada para cambiar nuestra identidad
y posición en Cristo. Pero si logra hacernos creer
una mentira, viviremos como si nuestra identidad
en Cristo no fuera verdadera.*

— Dr. Neil T. Anderson

Afirmando mi posición en Cristo

Mi gran Padre celestial lleno de gracia, te adoro y alabo por quién eres. Eres el creador, sustentador y controlador providencial del universo y de mi vida. Enviaste a Tu Hijo, el Señor Jesús, para quitar nuestros pecados. Creo que Él es cien por ciento Dios y cien por ciento hombre, sin pecado y el mediador entre Dios y los hombres; que vivió una vida sin pecado y nos enseñó tu verdad; que murió en mi lugar para darte una satisfacción completa por mis pecados; y que me permites llegar a Él con fe para el perdón completo de mis pecados.

Afirmo mis pies sobre Cristo. Creo que el Espíritu Santo me bautizó en Cristo el mismo momento en que creí en Él como mi Salvador. Ahora estoy completo con Cristo. Por tu gracia, fuerte y salvadora, ahora tengo perfecta aceptación en la justicia de Cristo. Tengo perfecto acceso a Tu trono de gracia en cualquier momento de necesidad. Me ha sido otorgada autoridad para continuar el trabajo que me has asignado, incluso para enfrentar a Satanás y sus demonios, y orar y obrar contra ellos. *Amén.*

— *Dr. C. Fred Dickason*

Mi promesa de lealtad

Según mi posición en Cristo y entendiendo que todo lo que soy y tengo es un regalo de gracia que me has dado, rindo todo mi ser, espíritu y cuerpo, a Ti como respuesta razonable y amorosa. Elijo someterme a Tu voluntad y Tus caminos en mi vida. Me opongo contra los impulsos pecaminosos que hay en mí y me considero realmente muerto al pecado y vivo genuinamente para Dios mediante mi unión con Cristo. También me considero crucificado para el mundo y sus deseos y éstos cuentan como crucificados para mí. Creo que Cristo murió, resucitó, y fue exaltado a la diestra de Dios Padre, muy por encima de todos los seres angelicales, buenos y malos. Me considero resucitado y sentado con Él en los lugares celestiales muy por encima de mis enemigos,

Satanás y los demonios. Me opongo a estos enemigos en la justicia y autoridad del resucitado y exaltado Salvador.

Declaro mi posición de victoria sobre estos enemigos, así como Cristo está por encima de ellos. Hoy elijo a quien serviré. Serviré al Señor Jesucristo y al Dios trino. Tú y solo Tú, oh Dios trino, eres digno de adoración y alabanza. Tú y solo Tú eres digno de cultivar mi vida. Comprometo toda mi mente, mis emociones, mi voluntad, mis necesidades, mis esperanzas, mis relaciones y mis trabajos a Ti. Obra en mi vida por medio de Tu Espíritu Santo para que desee y cumpla toda Tu buena voluntad. Dame un corazón para seguirte por completo. Mantenme en el camino de la justicia por amor a Tu nombre, y permíteme defenderte y servirte toda mi vida. Oro esto en el nombre del Hijo de Dios. *Amén.*
— *Dr. C. Fred Dickason*

Entrega diaria

Mi Padre, quiero agradecerte por la muerte de Jesucristo en mi lugar. Te agradezco también que yo morí con Cristo. Ahora acepto Su muerte por mí. Con fe, elijo morir a mi voluntad propia. Pongo en Tus manos cada lucha que tengo con el pecado. Recibo Tu limpieza y perdón, y corono a Cristo como Señor de mi vida. Resisto a Satanás. Afirmo su derrota en la cruz. Acepto que su derrota es definitiva y completa, y ahora, en fe, acepto lo que me has proporcionado. Recibo la plenitud del Espíritu y deseo caminar en obediencia. En el nombre de Jesús, *Amén.*
— *Dr. Erwin W. Lutzer*

Tomando una posición invencible

Generoso Padre celestial, elijo verme a mí mismo como Tú me vez en la persona de Tu Hijo, el Señor Jesucristo. Elijo verme a mí mismo como alguien invenciblemente fuerte y capaz de hacer todo lo que está en Tu voluntad. Rechazo las acusaciones de Satanás que me acusa de estar irremediablemente débil y derrotado. Acepto mi gran necesidad actual como un llamado a renovar la visión de victoria de mi Señor. Ayúdame a concentrar mi atención sobre la maravillosa majestad, el poder, y la grandeza soberana de mi Padre Celestial, quién puede hacer todo, menos fallarme. Ayúdame a ver eso en mi unión con Cristo, soy más que vencedor. Deja que la carga de mis pruebas se convierta en una expresión de la carga del Señor. Deja que la carga se exprese en lágrimas de preocupación, tiempos de ayuno y oración. Elijo no rechazar la carga que deseas que lleve.

Reconozco, Señor, que principalmente ha sido mi propio pecado y fracaso lo que me ha llevado a esta gran prueba. Estoy profundamente arrepentido de mis pecados *(menciónalos por su nombre)*. Límpiame con la sangre de mi Salvador. Quito a Satanás todo el espacio que le he cedido a través de mis pecados y transgresiones. En la autoridad de la cruz reclamo todo ese terreno para el Señor Jesucristo.

Precioso Señor Jesucristo, tú has prometido nunca dejarme ni abandonarme. Sé que eres verdadero, y con intrepidez digo: "El Señor es mi ayudador, no temeré". Resisto al diablo y su reino, firme en la fe. Ordeno a Satanás y sus demonios que me dejen y que vayan donde el Señor Jesucristo los envíe.

Altísimo Padre, acepto y elijo disfrutar cada cosa inscrita en el libro de Tu voluntad para mí. Gracias a Ti todo lo puedo en Cristo que me fortalece. Haré Tu voluntad al aceptar mi responsabilidad para ser fuerte. Haré las cosas con Tu fuerza. Sé que Tu voluntad es *(exprésala)*.

Gracias, Padre celestial amoroso, que a través de mi Señor Jesucristo has escuchado mi oración, y me harás caminar como alguien tan fortalecido en el Señor que incluso las estrategias más poderosas de Satanás ya están derrotadas. Oro en el nombre del Señor Jesucristo y para Tu gloria. *Amén.*

— *Dr. Mark I. Bubeck*

LA AFIRMACIÓN DIARIA DE FE

Hoy elijo intencionalmente someterme por completo a Dios, ya que Él se ha dado a conocer a mí a través de la Sagrada Escritura la cual acepto son franqueza como el único estándar autorizado, inspirado e infalible para toda vida y práctica. En este día no juzgaré a Dios, a Su trabajo, a mí mismo o a otros según sentimientos o circunstancias.

Reconozco por fe que el Dios trino es digno de todo honor, alabanza y adoración como el Creador, Sustentador y fin de todas las cosas. Confieso que Dios, como mi Creador, me hizo para Sí mismo. Por tal razón, hoy elijo vivir para Él *(Apocalipsis 5:9-10; Isaías 43:1, 7, 21; Apocalipsis 4:11).*

Reconozco por fe que Dios me amó y me eligió en Jesucristo antes de que el tiempo comenzara *(Efesios 1:1-7).*

Reconozco por fe que Dios ha probado Su amor al enviar a Su Hijo a morir en mi lugar, en quién toda provisión ya ha sido realizada para mis necesidades pasadas, presentes y futuras por medio de su obra sustitutiva, y que he sido restaurado, levantado, sentado con Jesucristo en los lugares celestiales, y ungido con el Espíritu Santo *(Romanos 5:6-11, 8:28-39; Filipenses 1:6-7, 13, 19; Efesios 1:3; 2:5-6; Hechos 2:1-4, 33).*

Por la fe reconozco que Dios me ha aceptado porque recibí a Jesucristo como mi Señor y Salvador *(Juan 1:12; Efesios 1:6)*; que Él me ha perdonado *(Efesios 1:7)*; me ha adoptado en Su familia, asumiendo cada responsabilidad por mí *(Juan 17:11, 17; Efesios 1:5; Filipenses 1:6)*; me ha dado vida eterna *(Juan 3:36; 1 Juan 5:9-13)*; me ha otorgado la justicia perfecta de Cristo, de tal forma que ahora soy justificado *(Romanos 5:1; 8:3-4; 10:4)*; me hizo completo en Cristo *(Colosenses 2:10)*; y se ha ofrecido a sí mismo por mí como mi suficiencia diaria, mediante la oración y las decisiones de fe *(1 Corintios 1:30; Colosenses 1:27; Gálatas 2:20, Juan 14:13-14; Mateo 21:22; Romanos 6:1-19; Hebreos 4:1-3, 11).*

Reconozco por la fe que el Espíritu Santo me ha bautizado en el Cuerpo de Cristo *(1 Corintios 12:13)*; me selló *(Efesios 1:13-14)*; para guiarme a un caminar más profundo con Jesucristo *(Juan 14:16-18; 15:26-27; 16:13-15; Romanos 8:11-16)*; y para llenar mi vida con él mismo *(Efesios 5:18)*.

Reconozco en fe que sólo Dios puede lidiar con el pecado y sólo Él puede producir santidad de vida. Confieso que en mi salvación mi parte fue solo recibirla y que Él trató con mi pecado y me salvó.

Ahora confieso que para vivir una vida santa, solo puedo rendirme a su voluntad y recibirlo como mi santificación; confiando que Él hará cualquier cosa que sea necesaria en mi vida, sea externa o interna, para que yo pueda estar capacitado para vivir hoy en pureza, libertad, descanso y poder para Su gloria *(1 Juan 1:12; 1 Corintios 1:30, 2 Corintios 9:8, Gálatas 2:20; Hebreos 4:9; 1 Juan 5:4; Judas 24)*.

Habiendo confesado que Dios es digno de toda alabanza, que las Escrituras son el único estándar autorizado, que sólo Dios puede tratar con el pecado y producir santidad de vida, reconozco de nuevo mi total dependencia de Él y mi sumisión a Él. Acepto el hecho de que orar con fe es absolutamente necesario para entender la voluntad y la gracia de Dios en mi vida diaria *(1 Juan 5:14-15; Santiago 2:6; 4:2-3; 5:16-18; Filipenses 4:6-7; Hebreos 4:1-13; 11:6, 24-28)*.

Reconozco que la fe es una repuesta total a Dios mediante la cual las provisiones diarias que el Señor ha provisto en sí mismo son apropiadas, yo, por lo tanto, tomo las siguientes decisiones de fe:

Para este día *(Hebreos 3:6, 13, 15:4-7)* decido rendirme totalmente ante la autoridad de Dios, tal como Él se ha revelado a sí mismo en la Escritura, para obedecerle. Confieso mi pecado, enfrento la realidad pecaminosa de mi antigua naturaleza, e intencionalmente elijo caminar en la luz, siguiendo a Cristo durante las horas de este día *(Romanos 6:16-20; Filipenses 2:12-13; 1 Juan 1:7, 9)*.

Para este día decido rendirme por completo a la autoridad de Dios, tal como es revelado en la escritura, para creer en Él. Solo acepto Su Palabra como autoridad final. Ahora creo que, por haber confesado mi pecado Él me ha perdonado y limpiado *(1 Juan 1:9)*. Acepto por completo Sus promesas de ser mi suficiencia y descanso, y me conduciré a mí mismo según ello *(Éxodo 33:1, 1 Corintios 1:30; 2 Corintios 9:8; Filipenses 4:19)*.

Por fe, hoy tomo la decisión de reconocer que Dios ha hecho toda la provisión para que yo pueda cumplir Su voluntad y llamado. Por lo tanto, no haré ninguna excusa por mis pecados y fracasos *(1 Tesalonicenses 5:24)*.

Por le fe, hoy tomo la decisión intencional de recibir de Dios esa provisión, la cual Él ha hecho para mí.

Renuncio a todo esfuerzo propio de vivir la vida cristiana y servir a Dios; renuncio a toda oración pecaminosa, la cual le pide a Dios que cambie las circunstancias y a las personas, para que yo pueda ser más espiritual; renuncio a todo rechazo a la obra del Espíritu Santo dentro de mí y al llamado que Dios me haga; y renuncio a los motivos, propósitos, y actividades no bíblicas, las cuales sirven a mi orgullo pecaminoso.

Ahora recibo sinceramente a Jesucristo como mi santificación, en especial como quien me ha limpiado de la vieja naturaleza, y pido al Espíritu Santo que me atribuya la obra que Cristo cumplió en mi lugar en la crucifixión. En cooperación con, y en dependencia de Él, obedezco el mandamiento de "deshacernos del viejo hombre" *(Romanos 6:1-14; 1 Corintios 1:30; Gálatas 6:14; Efesios 4:22)*.

Ahora recibo sinceramente a Jesucristo como mi santificación, particularmente como quien me capacita momento a momento para vivir por encima del pecado, y pido al Espíritu Santo que me otorgue la resurrección para que pueda caminar en la nueva vida. Confieso que sólo Dios puede tratar con mi pecado y solo Dios puede producir santidad y el fruto del Espíritu en mi vida. En cooperación con, y en dependencia de Él, obedezco el mandamiento de "revestirme del nuevo hombre" *(Romanos 6:1-4; Efesios 4:24).*

Ahora, sinceramente recibo a Jesucristo como mi libertador de Satanás y tomo mi posición con Él en los lugares celestiales, pidiéndole al Espíritu Santo que me asigne la obra de la ascensión. En Su nombre me someto a Dios y me opongo contra toda la influencia y sutileza de Satanás. En cooperación con y en dependencia con Dios, obedezco el mandamiento de "resistir al diablo" *(Efesios 1:20-23; 2:5; 4:27; 6:10-18; Colosenses 1:13; Hebreos 2:14-15; Santiago 4:7; 1 Pedro 3:22; 5:8-9).*

Ahora recibo sinceramente al Espíritu Santo como mi unción para cada aspecto de la vida y del servicio para hoy. Abro completamente mi vida a Él para que me llene de nuevo en obediencia al mandamiento de "ser llenos del Espíritu Santo" *(Efesios 5:18; Juan 7:37-39; 14:16-17; 15:26-27; 16:7-15; Hechos 6:7).*

Habiendo hecho esta confesión y estas decisiones de fe, ahora recibo la promesa del descanso de Dios para este día *(Hebreos 4:1-13).* Por lo tanto, descanso en la confianza de la fe, sabiendo que, en el momento de tentación, juicio o necesidad, el Señor mismo estará allí como mi fuerza y suficiencia *(1 Corintios 10:13).*

— *Desconocido*

Capítulo tres
RESISTE

"Cristo vino a liberar a los cautivos.
Satanás viene a cautivar a los libres.
Cristo quiere cortar las ataduras de nuestras vidas.
Satanás quiere utilizarlas para atarnos".

— Beth Moore

Resistencia a la oscuridad

Seguir un simple proceso puede ser útil:

- Declara en voz alta tu fe en el Señor Jesucristo. Usa su título completo al hacerlo. Reconoce abiertamente que Él es tu Maestro, tu Señor, y el único que ha conquistado todos los demás poderes en la cruz.

- Niega cualquier lealtad al diablo, a sus huestes demoníacas y a lo oculto. Haz esto con fuerza y audacia. De nuevo, expresa las cosas en voz alta.

- Aprópiate de toda la armadura de Dios, basándote en Efesios 6:10-17 como tu protección completa. Lee el pasaje en voz alta haciendo énfasis.

- Por último, declara firmemente tu oposición a las influencias demoníacas. Considera utilizar la siguiente oración. Utilízala como guía cuando empieces a sentir miedo y a sentir el ataque de las fuerzas del mal.

Ahora renuncio a cualquier lealtad que le haya dado a Satanás y a sus huestes de espíritus malignos. Rechazo ser influido o intimidado por ellos. Y, rechazo ser utilizado por ellos de cualquier manera.

Rechazo todos sus ataques sobre mi cuerpo, mi espíritu, mi alma y mi mente. Reclamo la sangre derramada del Señor Jesucristo en todo mí ser. Y revoco todo su poder e influencia dentro de mí o alrededor mío. Los resisto en el nombre de mi Señor y Maestro, Jesucristo, el vencedor sobre el mal. Me paro firme con el poder de la cruz del Calvario donde Satanás y todos sus poderes se convierten en enemigos derrotados mediante la sangre de mi Señor Jesucristo. Me sostengo sobre las promesas de la Palabra de Dios. Aquí y ahora, en humildad de fe, me visto de toda la armadura de Dios, la cual me permite permanecer firme en contra de las maquinaciones del diablo.
— *Del folleto, Demonismo, de Charles R. Swindoll*

Rechazo la *influencia* del enemigo.
Rechazo ser *conducido* por el enemigo.
Rechazo ser *guiado* por el enemigo.

Rechazo *obedecer* al enemigo.

Rechazo *orar* al enemigo.

Rechazo *solicitar* algo del enemigo.

Rechazo *rendirme* ante el enemigo.

Rechazo todo el *conocimiento* del enemigo.

Rechazo *escuchar* al enemigo.

Rechazo *las visiones* del enemigo.

Rechazo *el contacto* del enemigo.

Rechazo *los mensajes* del enemigo.

Rechazo toda *la ayuda* del enemigo.

— *Desconocido*

Una oración de resistencia

Padre, soy tu siervo: Estoy comprometido con tu voluntad y tu gloria. Vengo a ti por medio de mi sumo sacerdote, Jesucristo, y te pido que expongas a la luz de Tu presencia todas las maquinaciones satánicas y de tus enemigos que luchan en contra de mí. En la autoridad del Señor Jesucristo, con quién estoy sentado ahora a tu diestra en los lugares celestiales, resisto este ataque de Satanás: Elimino toda ventaja que tú y tus fuerzas hayan tomado en mi vida; y ahora lo cubro completamente con la sangre de Jesucristo.

Declaro rotas todas las estructuras de poder del mal, todas las jerarquías de energías demoniacas, todas las maquinaciones desarrolladas en mi contra por cualquier causa, mediante cualquier recurso, en cualquier momento. Ato, reprendo y ordeno el desalojo de todos los espíritus ancestrales que han venido en mi contra para obstaculizar mi efectividad como siervo del Señor Jesucristo. En Su nombre, el cual es supremo, les ordeno que salgas de mí ahora. *Amén.*

— *Desconcido*

Oración de acorralamiento
(Continuación a la resistencia a la influencia demoniaca)

Adoro y honro a mí Padre celestial, al Señor Jesucristo, y al Espíritu Santo; el Dios vivo y verdadero quién prometió, "nunca te dejaré, jamás te abandonaré". Recibo y honro la presencia invisible de mi Señor Jesucristo, quién prometió siempre estar con nosotros cuando nos reuniéramos en Su nombre. Te honro y te agradezco, Señor Jesucristo, por tu presencia invisible en este lugar con nosotros. Te pido que te hagas cargo y hagas tu voluntad y plan en nuestras vidas. Cedo completamente a tu voluntad el desalojo de cualquier espíritu que esté en el control de mi vida. Deseo que el Espíritu Santo haga la obra santificadora que deba hacer dentro de toda mi persona y ser. Te pido a ti, Señor Jesucristo, que asignes a tus santos ángeles para que nos protejan de cualquier estrategia de oscuridad diseñada para oponerse a esta oración por libertad. Mantén a Satanás y a todas sus huestes del mal y opositoras lejos de nosotros. También te pido que te asegures de que los espíritus malignos sean expulsados de mi presencia y que partan rápida y directamente al lugar que les asignes.

En el nombre de mi Señor Jesucristo y por el poder de Su sangre, afirmo mi autoridad sobre todos los espíritus malignos asignados para controlarme y obstaculizar mi vida y testimonio de Cristo. Ahora ordena a todos los espíritus malignos asignados para acosarme, gobernarme y controlarme que cesen su trabajo y estén atados a la presencia del Señor Jesucristo. Ato todos los sistemas y reemplazo los espíritus malignos asignados a reconstruir fortalezas desalojadas. ¡No pueden hacer eso! Ordeno a todos esos espíritus asignados en mi contra para que sigan siendo y permanezcan siendo espíritus completos. Prohíbo cualquier división, reestructuración, o multiplicación de los espíritus malignos que trabajan en mi contra. El tráfico de la actividad espiritual maligna en mi vida solo tiene un sentido y es que salgan de mi vida al lugar que el Señor Jesucristo les asigne. Arrojo de otros miembros de la familia a todos esos espíritus malignos que están trabajando bajo la cadena de la autoridad establecida por el poder de la oscuridad asignado para que gobiernen sobre mí. Les ordeno que estén atados juntos aquí en la presencia de mi Señor Jesucristo en ese reino espiritual donde mora conmigo y ellos conocen Su presencia. Mi voluntad es que todos los poderes de la oscuridad asignados contra mí lo escuchen obedezcan a Él que es el Creador y Vencedor. Ordeno toda su atención al Señor Jesucristo, declaro que Él es mi Redentor y Señor. Afirmo que Dios se ha sentado con Jesucristo en los reinos celestiales muy por encima de todos los principados y poderes supernaturales de la oscuridad y maldad.

Señor Jesucristo, te pido que digas a estos poderes de la oscuridad, asignados para afligirme y gobernarme que se vayan. Quiero que se vayan de mi vida y sean confinados donde nunca puedan molestarme de nuevo.

Me rindo totalmente ante Tu plan soberano para mi vida y todos los propósitos que tienes en esta batalla que he venido enfrentando. Te pido, Señor Jesucristo, que les digas claramente a dónde deben ir. *(Una breve pausa con el objetivo de honrar el trabajo del Señor Jesucristo de abordar su autoridad y su victoria en contra de esos poderes de las tinieblas obligados a la rendición de cuentas ante Él).* Ahora le pido al Espíritu Santo que more dentro de mí para efectuar la voluntad del Señor Jesucristo concerniente a estos afligidos poderes de la oscuridad. Así como los forzaste a salir de la vida de las personas en respuesta a los mandatos de Jesús cuando Él caminó en esta tierra, te pido que cumplas eso para mí ahora. Te pido, Espíritu del Dios Vivo, desalojar de mi mente consciente, subconsciente e inconsciente todo el control de los poderes malignos. Rompe todo su poder y manipulación de mis procesos de pensamientos. Deben ir donde el Señor Jesucristo los envíe. Bárrelos y aclara mi mente del dominio de cualquier espíritu malvado. Ahora pido que el Espíritu Santo renueve y santifique mi mente. Limpia y toma la total posesión de mi mente consciente, inconsciente, y subconsciente, precioso Espíritu Santo. Apártala por completo para la gloria de Dios y el servicio de mi Señor Jesucristo. Deliberadamente cedo mi mente al señorío de Cristo, la verdad de la obra de Dios, y la voluntad de mi Padre celestial.

Ahora pido que el Espíritu Santo mire mis emociones en el nivel consciente, subconsciente e inconsciente. Expulsa cualquier poder controlador de la oscuridad y que los santos ángeles los acompañen al lugar donde el Señor Jesucristo esté ordenándoles que vayan. Límpialos y llévalos totalmente lejos de mi persona. Pido que el Espíritu Santo tome el control de mis emociones en cada nivel de la función de mis sentimientos. Santifica mis emociones. Llena mis emociones con el fruto del Espíritu: amor, gozo, paz, paciencia, benignidad, fe, mansedumbre y autocontrol. Doy la bienvenida al Espíritu Santo para que controle internamente mis emociones. Miro al Espíritu de Dios para que santifique y renueve mis emociones. Me acerco para experimentar el plan del Señor para mi libertad emocional y bienestar espiritual.

Ahora pido que el Espíritu Santo mire toda mi voluntad consciente, inconsciente y subconsciente e identifique cualquier control de los poderes malignos. Desalójalos ahora a donde el Señor Jesucristo esté mandándolos para que se vayan. Barre mi voluntad por completo, límpiala del control del malvado y de la manipulación. Que el Espíritu Santo del Dios verdadero y vivo renueve y santifique mi voluntad por completo para la gloria de Dios. Mi voluntad es hacer la buena voluntad de Dios. Que el señorío de Jesucristo sea obedientemente vivido en mi vida por el control del Espíritu Santo que capacita mi voluntad.

Ofrezco mi cuerpo y todas sus partes y funciones como expresión de mi adoración espiritual a mi Padre celestial. Le pido al Espíritu Santo que mire todo mi cuerpo e identifique cualquier actividad que controle la actividad de los espíritus malignos. Examina mi cerebro y sistema nervioso central en busca de cualquier aflicción o control de algún espíritu caído. Desalójalos completamente de este centro de control físico para la función de mi cuerpo y mente. Ofrezco mi cerebro y sus capacidades al control renovador y alentador del Espíritu Santo. Santifica y refresca mi cerebro para que funcione en armonía espiritual con Tu control sobre toda mi persona. Mira todo mi cuerpo y rompe lazos con cualquier control de espíritus malignos sobre mi sentido de la vista, oído, olfato, tacto o gusto.

Busca a través de todos los órganos de mi cuerpo cualquier obra característica del reino de la oscuridad. Santifica los órganos de mi cuerpo y sus funciones por medio del trabajo alentador del Espíritu Santo.

Entrego todos mis deseos físicos a Tu Señorío. Te entrego mi necesidad y antojos de comida y bebida. Examíname y purifícame de actividades demoniacas en todos los órganos de mi sistema digestivo. Aparta mi sexualidad para la gloria de Dios. Expulsa de mis órganos y funciones sexuales cualquier obra del enemigo. Entrego éstos a Tu Señorío, y me someto a Tu plan divino de pureza moral e intimidad sexual sólo dentro el vínculo del matrimonio.

Expulsa de cada parte de mi cuerpo cualquier poder maligno o aflictivo. Santifícalo en su totalidad. Quiero que mi cuerpo sea un "cuerpo bendito", no solo en su posición dentro del plan redentor de Dios, sino también en su función. Como parte de mi culto espiritual hacia mi Padre en el cielo, ofrezco mi cuerpo como sacrificio viviente para ser usado sólo para todo lo que es aceptable a Sus ojos.

Cedo ahora de nuevo toda mi persona a la verdad y al Dios vivo y a todo Su control. Pido al Padre, al Hijo y al Espíritu Santo que me controlen totalmente. Te doy gracias por la libertad que has efectuado dentro de mí durante este tiempo de oración. Ahora veo el amor de mi Padre celestial, el señorío de Jesucristo y el ministerio del Espíritu Santo al permitirme caminar a diario con la libertad espiritual prometida en la Santa palabra de Dios. Rechazo, resisto y me rehúso algo inferior. En el nombre del valor y el mérito de mi Señor Jesucristo, y por las intercesiones del Espíritu Santo, hago estas peticiones frente a mi Padre en el cielo.

— *Dr. Mark I. Bubeck*

Oración de Carpenter

Amado Padre Celestial, te reconozco como Soberano infinito de toda creación. Me regocijo y me refugio en la certeza de que tú eres mi Dios. Tú vives en los cielos, y haces lo que te place *(Salmo 115:6)*.

Reconozco que tus propósitos son eternos, y no pueden ser opuestos. Por hombres, ángeles, principados, potestades o cualquier otra criatura *(Isaías 46:10; Romanos 8:38-39)*.

Te *doy gracias* por ser un Dios que ama la justicia y lo correcto, y porque la tierra está llena de tu amor infalible *(Salmo 33:5)*.

Te *doy gracias* por ser compasivo y misericordioso, paciente y abundante en amor hacia tu pueblo *(Salmo 103:8)*.

Te *doy gracias* porque en Cristo tú me has amado desde la eternidad con un amor que supera al conocimiento *(Efesios 1:4-5; 3:19)*.

Te *doy gracias* porque has perdonado todos mis pecados y transgresiones *(Colosenses 2:13)* y los has alejado de mí tanto como el este está del oeste *(Salmo 103:12)*.

Reconozco que en tu sabiduría soberana eres el Dios Altísimo que convierte la maldición en bendición *(Números 23:7-24:10)*, quien infaliblemente hace surgir lo bueno de lo malo *(Génesis 50:20)*, quien sorprende al sabio en su astucia *(1 Corintios 3:19)* y quien, en la mayor de las ironías, designa la muerte como el camino hacia la vida *(Gálatas 2:20)*.

Hoy *vengo* osadamente ante ti, sólo en los méritos de mi Salvador, Señor y Sumo Sacerdote Jesucristo, el justo, a pedirte que retires las maldiciones que me han sido impuestas en el pasado, y que las conviertas en bendiciones para mí en Cristo.

Te *pido* que me des fuerza para hacer esta oración, y detengo todos los intentos de Satanás por interferir en mi súplica.

Te *pido* que, como David oró, unas mi corazón, todo mi ser interior, para alabar tu nombre y clamar delante de tu trono *(Salmo 86:11)*.

Abre el sistema entero de las personalidades que han sido formadas por maldiciones de Satanás, y haz que se unan por mi oración. No permitas que interfieran las personalidades que estén aún atadas a las mentiras de Satanás. Haz que en su lugar escuchen silenciosamente mientras oro. No permitas que en mis peticiones interfieran aquellas personalidades que han sido formadas como una habitación para los demonios de Satanás, o los mismos demonios. Ordena e indica que yo pueda orar en la energía, el poder y la capacidad del Espíritu Santo, cuyo poder como representante de Cristo viviente es más grande que cualquier poder del infierno.

Comienzo *reconociendo,* como lo hicieron Jeremías *(Jeremías 14:20)*, Daniel *(Daniel 9:4-19)* y Nehemías *(Nehemías 9:2-37)*, y estoy unido a la culpa de mis ancestros y su rebelión en tu contra.

Repudio los pecados de mi padre y mi madre, y todos los ancestros de mi pasado, conocidos y desconocidos, cuyos pecados me hayan visitado de una manera u otra. A través del poder de la preciada sangre de mi Señor Jesucristo, afirmo que he sido salvado de todas las consecuencias de sus modos de vida vacíos e incrédulos, que me fueron transmitidos en sus pecados y su rebelión en tu contra *(1 Pedro 1:18-19)*. En nombre del Señor Jesucristo, rompo todos los baluartes de los poderes de la oscuridad causados por los terrenos pecaminosos que me fueron trasmitidos por mi linaje generacional tres y cuatro generaciones atrás *(Éxodo 20:5)*. Afirmo que la muerte, la sepultura y la resurrección de mi Señor Jesucristo es lo que libera de todas y cualquier maldición generacional, la cual también tiene el poder de revertir y liberarme a mí y a mis hijos de cualquier transferencia generacional de los poderes de la oscuridad.

Rechazo específicamente cualquier implicación de mi padre y mi madre y todos mis ancestros, conocidos y desconocidos, en religiones falsas, prácticas ocultas, brujería y satanismo.

Renuncio a jamás ceder mi nombre a Satanás o que mi nombre le sea cedido. Anuncio que mi nombre está escrito en el Libro de la Vida del Cordero.

Rechazo cualquier ceremonia en la que pueda haber sido unido a Satanás. Afirmo que soy la novia de Cristo.

Rechazo todos y cada uno de los pactos que he hecho con Satanás. Anuncio que soy beneficiario de, y que participo en el Nuevo Pacto que me ha unido con mi Señor Jesucristo.

Renuncio a jamás dar mi sangre al servicio de Satanás. Anuncio que confío sólo en la sangre derramada de mi Señor Jesucristo.

Renuncio a nunca comer carne o beber sangre en cultos a Satanás, haya sido ésta adquirida por sacrificio humano, animal o ambos. Por fe, solo como la carne y sólo bebo la sangre del Señor Jesús durante la cena que Él instituyó y que sigue practicándose en Su iglesia.

Rechazo cualquier ceremonia o ritual en el que haya participado con el fin de apaciguar o ganar algún favor o poder de Satanás. Anuncio que sólo Jesús bebió por mí la copa de la ira de Dios, y que a través del sacrificio de Cristo, todas las exigencias de justicia de Dios frente a mis pecados han sido cumplidas, y por consiguiente estoy aceptado totalmente en El Amado, el Hijo único de Dios.

Rechazo a cualquiera y todos los guardianes y padres satánicos que me fueron dados. Anuncio que Dios es mi Padre *(Romanos 8:15)* y que el Señor Jesucristo es Pastor y Guardián de mi alma *(1 Pedro 2:25)* a través del Espíritu Santo quien mora en mí y en quien estoy sellado hasta la redención final *(Efesios 1:13-14)*.

Rechazo cualquiera y todos los hechizos que se han hecho sobre mí como parte de cultos a Satanás. Anuncio que mi Señor Jesucristo se hizo maldición por mí al ser clavado a la cruz *(Gálatas 3:13)*.

Rechazo todas las asignaciones Satánicas, programas y respuestas que fueron puestas en altares, traídas al mundo para mantenerme atado a él y a los poderes de la oscuridad. Acepto sólo las asignaciones y propósitos de Dios para mí en Cristo.

Rechazo y sello cualquiera y todos los espíritus de culto que se me han asignado para tenerme atado a pecados específicos, maldiciones o hechizos, y por consiguiente mantener en mi vida el control continuo de Satanás.

Afirmo que he sido transferido del reino de la oscuridad al reino del Hijo Amado de Dios *(Colosenses 1:13)* y que ahora soy un siervo voluntario sólo de mi Señor Jesucristo, y estoy dedicado a buscar y fomentar Su reino y justicia *(Romanos 6:17-22)*.

Rechazo cualquiera y todos los recuerdos falsos que Satanás haya puesto en mi mente, o en la mente de cualquier otro con el fin de traumatizarme y tenerme atado a un pasado falso. Reconozco que el Señor Jesucristo y el Espíritu Santo que mora en mí son los guardianes de la verdad sobre mi pasado, y que me traerán soberanamente a la mente aquellos recuerdos a través de los cuales quieran traerme el regalo de la sanación y de la libertad.

Rechazo el trabajo de Satanás que me ha vuelto un receptáculo de poder demoniaco guiado por un espíritu líder de rango llamado muerte, y por el cual mi vida, identidad, pensamientos y funcionalidad han sido confundidos y hechizados. Anuncio que, con Su muerte, Cristo ha quitado el poder de la muerte al único que lo tiene, el mismo Satanás *(Hebreos 2:14)*, que mi vida está ahora escondida con Cristo en Dios *(Colosenses 3:13)* y que mi identidad y funcionalidad están basados en quien soy yo en Cristo.

Reconozco que mis propios pecados, y no sólo los pecados de mis ancestros han contribuido a mis ataduras. Me arrepiento de todo pecado que Satanás haya usado como base para expandir su poder y control en mi vida. Pido que puedas revelarme dichos pecados, y así aumentar mi arrepentimiento de ellos, para que el trabajo del Espíritu Santo de formar a Cristo en mí no sea obstaculizado *(Gálatas 4:19).*

Bloqueo a todos los espíritus malignos involucrados en traer la maldición de Satanás a mí y les ordeno revertir su trabajo. Devuelvo cada conjuro que me ha sido enviado a Satanás y a toda su maléfica multitud, quienes han sido encargadas para vigilarme y enviar esos conjuros a mi vida.

Reconozco, Señor Jesús, que tú eres mi Pastor, y que preparas una mesa ante mí en presencia de mis enemigos *(Salmo 23:5).* Oro por que la mesa que preparas ante mis enemigos (espíritus malignos) sea su trampa, retribución y captura. Que sus ojos sean oscurecidos para que no puedan ver, y que sus espaldas sean rotas para siempre. Vierte tu furia contra ellos, deja que tu ira feroz los alcance *(Salmo 69:22-24).*

Arrójalos fuera del templo de mi cuerpo, y envíalos a la fosa, donde deberán esperar el juicio que se les ha reservado. Tú eres el Señor que escucha al necesitado, y no desprecias a tu gente cautiva *(Salmo 69:33).* Has venido a liberar a los cautivos, y yo reclamo esa libertad en tu nombre *(Isaías 61:1).*

Oro con David "Oh Señor, ponte en contra de los que se me oponen; pelea contra los que luchan contra mí. Ponte tu armadura y toma tu escudo; prepárate para la batalla y ven en mi ayuda. Levanta tu lanza y tu jabalina contra los que me persiguen. Quiero oírte decir: "¡Yo te daré la victoria!" Avergüenza y causa deshonra a los que tratan de matarme; hazlos retroceder y humilla a los que quieren hacerme daño. Sopla y espárcelos como paja en el viento, un viento mandado por el ángel del Señor. Haz que su camino sea oscuro y resbaladizo, y que el ángel del Señor los persiga. Yo no les hice ningún mal, pero ellos me tendieron una trampa; no les hice ningún mal, pero cavaron una fosa para atraparme. Por eso, ¡que la ruina les llegue de repente! ¡Que queden atrapados en la trampa que me tendieron! Que se destruyan en la fosa que cavaron para mí. Entonces me alegraré en el Señor; estaré feliz porque él me rescata *(Salmo 35:1-9)*.

Oh Señor, el antiguo enemigo de tu pueblo se ha levantado como el enemigo de mi alma. Satanás ha intentado devorarme con sus conjuros; que esos conjuros se vuelvan hacia él y lo devoren. A él le gusta decir maldiciones; que su gusto se convierta en su juicio y que lo que él envíe sea lo que él recibe de vuelta. Usa las maldiciones como sus prendas de gloria. Que sus maldiciones en mi contra se conviertan en vestiduras de deshonra las cuales él no pueda quitar. Que ese sea tu pago a mi adversario y acusador, oh Señor mi Dios. Trata conmigo, oh Señor Soberano, por el bien de tu nombre. Por la bondad de tu amor, líbrame. Porque soy pobre y necesitado, y mi corazón está herido dentro de mí. He sido aplastado por los ataques de mi enemigo. Soy objeto del desdén de Satanás.

Me *arrepiento* por creerlo. Envía sanidad a mi corazón roto y dividido, y únelo para temer solo a tu nombre. Trae unidad, plenitud e integridad a todo mi ser interior, deshaciendo la obra de Satanás y todo lo maligno que me ha sido asignado.

Me *glorío* sólo en la cruz de Cristo, por la cual Satanás ha sido vencido *(1 Juan 3:8)*, todos los principados y potestades han sido llevados cautivos *(Colosenses 2:14-15)*, el poder del pecado en mi carne se ha vuelto débil *(Romanos 6:6-7)*, para mí el mundo ha sido crucificado y yo para el mundo. *(Gálatas 6:14)*, y Cristo ha llegado a ser esperanza, justicia y sabiduría. *(1 Corintios 1:30)*.

"Digno es el Cordero que fue sacrificado, de recibir el poder y las riquezas y la sabiduría y la fuerza y el honor y la gloria y la bendición" *(Apocalipsis 5:12)*. En el nombre poderoso de mi Señor Jesucristo, lo ruego, *Amen*.

— *Stephen Carpenter*

Capítulo cuatro

RENUNCIA

"Es la imagen de Dios reflejada en ti lo que tanto enfurece al infierno; esa es la razón por la cual los demonios usan sus armas más poderosas".

— William Gurnall

Renunciando a fortalezas demoníacas

Vengo ante ti en arrepentimiento por las fortalezas en mi vida. Te invito a traer a mi mente, mientras me aquieto en tu presencia, todos los pecados que debo reconocer. Permíteme arrepentirme con un corazón contrito e irme con ese arrepentimiento. Confío en que iluminarás mi camino y evitarás que me aleje de ti. El pecado me aleja de ti, y ese es el peor dolor de todos. En tu bondad muéstrame si hay algo ofensivo en mí, y guíame por el camino eterno. *Amén.*
— *Desconocido*

Renuncia a acciones personales inadecuadas

Santo Padre, reconozco Tus derechos sobre mi mente y mi cuerpo. Por lo tanto, confieso y renuncio a cualquier práctica personal que haya sido una desviación o transgresión de la voluntad de Dios. Rechazo cualquier relación con las drogas, el alcohol, el sexo ilícito, las técnicas de control mental, meditación trascendental, artes marciales, curación psíquica, prácticas de nueva era, religiones falsas o sectas.

Resisto a Satanás y sus demonios que pueden procurar usar estas prácticas como incursiones y reclamo mi libertad en Cristo de cualquier control y ataduras que pudieran existir como resultado de dichas prácticas. Gracias , Señor Jesús, por venir a destruir las obras del diablos y sus huestes. *Amén.*
— *Dr. C. Fred Dickason*

Renuncia a influencias ancestrales

Entiendo que el segundo mandamiento promete bendiciones a la línea generacional de los antepasados obedientes y maldiciones a los antepasados idólatras y desobedientes. Te pido, Señor Jesús, que rompas y canceles todas las maldiciones y efectos malignos de los pecados de mis antepasados. Líbrame a mí y a mi familia de las influencias demoníacas que acompañan la idolatría y el control de los pecados.

Quizás no tengo conocimiento de qué acciones malvadas o pecaminosas practicaban mis antepasados; pero si alguna de ellas estuvo relacionada con cualquier forma de idolatría, falsas religiones, brujería, satanismo o comportamiento ilícito o inmoral que me ha afectado a mí o a mi familia, confieso que esas cosas son malas y te pido que perdones y canceles sus efectos sobre nosotros. Si hubo ceremonias, sacrificios o dedicaciones de niños hechas por cualquier persona dentro o fuera, contra la familia, afiliación a sociedades secretas tales como masones, estoy en contra de estos y te pido que nos liberes a mí y a mi familia de estas influencias. *Amén.*
— *Dr. C. Fred Dickason*

Oración para cancelar el terreno generacional

En el nombre de mi Señor Jesucristo, cancelo el cimiento jurídico entregado por mi _____ *(lista de detalles de lo que sabes)* Aquí y ahora, renuncio a cualquier autoridad que cualquier demonio reclame sobre mí, mis hijos o cualquier otro miembro de mi familia debido a los pecados de cualquier antepasado. En el nombre de Jesús, ordeno a cada espíritu maligno que haya sido asignado a mí o a mi familia como resultado de estos pecados que se vaya ahora y vaya donde el Señor Jesús le envíe. *Amén.*
— *Dr. Marcus Warner*

Rompiendo maldiciones

Padre, en el nombre de Jesucristo, vengo a ti sinceramente con el deseo de estar libre de todas las maldiciones y sus resultados. Señor Jesús, te agradezco por salvarme y limpiar mi pecado en la cruz. Confieso con mi boca que te pertenezco. El Diablo no tiene poder sobre mí porque estoy purificado y cubierto por tu preciosa sangre.

Ahora confieso todos mis pecados, conocidos y desconocidos. Me arrepiento de ellos ahora en el nombre de Jesús. Te pido, Señor, que me perdones. Ahora confieso los pecados de todos mis antepasados. En el nombre y por la sangre de Jesucristo, rompo y renuncio al poder de toda maldición demoníaca que me fue transmitida a través de los pecados y acciones de otros. En el nombre de Jesucristo, rompo el poder y el control de toda maldición que vino a mí a través del pecado, mis pecados y los pecados de mis antepasados.

En el nombre de Jesucristo, rompo el poder y el control de toda maldición que vino a mí a través de las palabras pronunciadas. En el nombre de Jesucristo, rompo el poder y el control de toda maldición que vino a mí a través de la desobediencia, los míos y de mis antepasados.

En el nombre de Jesucristo, ahora renuncio, rompo y me libero a mí mismo y a mi familia de toda sujeción demoníaca a mi padre, madre, abuelos o cualquier otro ser humano, vivo o muerto, que alguna vez en el pasado o ahora esté dominando o controlándome a mí o a mi familia, de alguna manera que está contra de la Palabra y la voluntad de Dios.

En el nombre de Jesucristo, renuncio, rompo y me libero a mí mismo y a mi familia de toda herencia psíquica, fortalezas demoníacas, poder psíquico, ataduras, lazos de enfermedad física o mental heredada o maldiciones sobre mí y mi familia como resultado de pecados, transgresiones, maldades, ocultismo o participación psíquica de cualquier miembro de mi familia, vivo o muerto.

En el nombre de Jesucristo, declaro todo control y todo fundamento legales del enemigo como quebrantado y destruido. Satanás ya no tiene el derecho legal de atormentar a mi familia mediante maldiciones. Por la sangre de Jesucristo, soy libre.

En el nombre de Jesucristo, ordeno a todos los espíritus demoníacos que ingresaron a mí a través de maldiciones que me dejen ahora. ¡Váyanse! ¡En el nombre de Jesús!

Confieso que mi cuerpo, alma y espíritu es la casa del Espíritu de Dios. Soy redimido, purificado, santificado y justificado por la sangre de Jesús. Por lo tanto, ni Satanás ni sus demonios tienen ningún lugar en mí ni poder sobre mí a causa de Jesús. ¡Gracias Jesús por liberarme! *Amén.*
— *Desconocido*

RENUNCIANDO AL ORGULLO Y AL EGO

Señor Jesús, agradezco que no retuviste toda la gloria y los privilegios que eran legítimamente tuyos en el cielo, sino que te convertiste en un verdadero siervo humano y humilde para hacer la voluntad de tu padre Dios. Por esto Dios, te honró en lo alto y te dio el nombre por encima de todo nombre en el cielo y la tierra. Tú mereces honor y gloria de todos los que has redimido. Tú me has redimido con tu sangre preciosa. Yo, por lo tanto, me humillo ante ti para que puedas obtener honor y gloria de mi vida.

Renuncio a todo orgullo y autopromoción como inapropiado para nuestra relación. Comprendo que Satanás cayó por su ambición egoísta y orgullo. No quiero ponerme del lado del enemigo. Reconozco humildemente que no tengo nada bueno en mis recursos humanos y que no puedo hacer ningún bien aparte de tu gracia que me capacita. Si no estoy bajo tu gracia redentora, merezco el fuego del infierno. Incluso ahora que a través de la fe en Cristo estoy en tu gracia, lo mejor que soy es un siervo inútil. Pero por la Gracia de Dios seré aquello para lo que estoy diseñado. Toma mi vida y hazla un trofeo de tu amor y gracia. Ayúdame a ser tu siervo y el siervo de Cristo a otros a quienes tú amas. Aborrezco el orgullo y elijo la humildad. Caminaré en dedicación y determinación para honrar a Cristo y servir a los demás. *Amén.*
— *Dr. C. Fred Dickason*

Renunciando a toda amargura y rencores

Santo y misericordioso Padre entiendo que tu Palabra nos dice que dejemos toda la ira, amargura y maledicencia y que debemos perdonar las quejas que podamos tener contra otros, así como tú nos has perdonado en Cristo. Reconozco que tal vez no haya perdonado totalmente a los que me han ofendido. Es posible que todavía conserve algo de amargura en mi corazón contra ellos, sean familiares, amigos u oponentes. Quizás algunas veces desee tomar represalias contra ellos. Pero elijo seguir tus órdenes. Quizás ellos no se disculpen, pero perdono a cualquiera que a mi parecer me haya perjudicado y pongo mi causa delante de ti. No retendré mi ira o pensamientos de venganza, sino que te permitiré tratar con ellos adecuadamente.

Si puedo y es apropiado, buscaré la reconciliación. Entiendo que no siempre será posible o conveniente, pero busco tu dirección y ayuda. No procuraré ejercer mi poder reteniendo mi ira, y me niego a dejar que la amargura continúe. Tú has advertido que si esa ira continúa, nosotros le estamos dando oportunidad al diablo. Tomo mi posición contra el pecado de falta de perdón. Asimismo, también tomo mi posición contra Satanás y te pido que me libres del poder que ha ejercido a causa de mi pecado en esta área. Si la ira intenta regresar, recordaré que he puesto en tus manos el asunto. Entiendo que las heridas de mucho tiempo no desaparecen de la noche a la mañana. Protégeme de las tácticas del enemigo que seguirían recordándome y condenándome. Confío en que controlarás mi mente y mis emociones en estos asuntos. Dame un espíritu paciente, amoroso y amable en mis actitudes y tratos con los demás. *Amén.*
— *Dr. C. Fred Dickason*

Renuncia al tratamiento inadecuado recibido

Padre amoroso y misericordioso, si alguien que haya tenido poderes ocultos o demoníacos me ha tratado de manera sospechosa o inapropiada, te pido que me liberes de cualquier influencia maligna en mi vida que pueda ser resultado de eso.

Confieso y renuncio a lo siguiente: haber sido hipnotizado, haber sido sanado mágicamente, haber permitido que mi mente fuera leída, haber emitido mi carta astrológica, haber leído mis ojos *(iridología)*, haber permitido poner las manos sobre mí para recibir un don especial *(lenguas, profecía, perspicacia, poder)*. Me equivoqué al permitir estas cosas.

Si permití cualquier contacto sexual inapropiado o unión sexual fuera del matrimonio, lo confieso como una violación de tus leyes, Santo Padre, y una violación de la santidad de mi cuerpo, que has adquirido para tu santo propósito.

Si he permitido que alguien me guíe a través de votos o dedicaciones, como sociedades secretas, renuncio a esos votos y te pido que me libres de cualquier esclavitud resultante.

Agradezco que seas el diseñador de la vida y el proveedor de todo lo que necesito. Perdóname por estos asuntos confesados. Tomo mi posición contra el enemigo quien puede sacar provecho de mí a través de tales pecados. Confío en que quitarás el terreno del enemigo y que declararás su desalojo. *Amén.*
— *Dr. C. Fred Dickason*

Renuncia a actitudes inadecuadas

Agradezco, mi Padre sabio y misericordioso, que me has creado a tu imagen para que yo sea una persona que pueda tener comunión contigo para pensar, sentir y elegir contigo. Perdóname por pensar inapropiadamente de mí mismo o de otros que también están hechos a tu imagen. Esto ha interferido con el desarrollo personal y las relaciones interpersonales. Confieso que esa mala autoestima que dice que no soy "nadie" debo ignorarla y rechazarla. Rechazo la percepción malsana de mi mente o mi cuerpo que puede conducirme a maltratarme a mí mismo o a odiarme a mí mismo. Al hacerlo, odio a alguien que Tú amas y que compraste con el terrible precio de la muerte de Tu Hijo. Me acepto a mí mismo (mi persona, mi mente, mi sexualidad, mi cuerpo con todas sus características) porque me has creado y diseñado maravillosamente tal como soy, independiente del daño que pueda haber infligido. Gracias por la forma en que me has hecho en cada detalle.

Perdóname por pensar mal de mi persona o de mi cuerpo. Rechazo cualquier pensamiento de suicidio, cualquier intento de maltratarme a mí mismo, cualquier abuso a mi cuerpo en una exhibición inadecuada. Si he permitido que la depresión y la autocompasión gobiernen mi mente, confieso y rechazo esto como pecado. Reconozco que puede haber razones fuera de mi control para la depresión. Para eso, pido la ayuda y el consejo adecuado. Pero en lo que puedo controlar me entrego a Ti pidiendo fuerza y sanidad.

Gracias, Santo Padre, por darme libertad de estos pensamientos degradantes e inapropiados. Confío en Ti para cambiar mis actitudes. Tú puedes hacerlo. *Amén.*
— *Dr. C. Fred Dickason*

Renuncia a prácticas ocultas personales

Santo Padre, en cuando a cualquier participación que haya tenido con ocultismo, renuncio total y específicamente a lo que se opone a tu persona y mandamientos. Confieso que al hacerlo, he buscado conocimiento oculto y poderes secretos. Al hacerlo pensé que Tú, Tu verdad y Tu provisión no eran suficientes para mí. Reconozco que esto es una forma de rebelión e idolatría y elijo no hacerlo más.

En cuanto a cualquier adivinación en la que haya incursionado, lo confieso y me opongo a ello. Rechazo la participación en cualquiera de los siguientes: Tabla ouija, cartas de tarot *(predictivo),* lectura de la mano, lectura de hojas de té, astrología, percepción extrasensorial, sueños predictivos, experiencias repetidas de *déjà vu*, visitas a psíquicos o adivinos.

Si he practicado magia o he tratado de controlar a personas o cosas mediante el "control mental", también lo confieso y me opongo a eso como pecado. Cualquier magia de amor u odio, cualquier atadura o pérdida, cualquier herida o ceremonia de curación, cualquier intento de mover objetos o controlar las circunstancias, todo esto lo rechazo como contrario a la confianza en el Dios verdadero y vivo. Confieso y renuncio a los juegos de fantasía *(como calabozos y dragones)*. Cualquier contacto que haya buscado con espíritus, ya sea de humanos muertos o con espíritus guías, lo confieso y renuncio a tratar con demonios y lo que se oponga a las órdenes de Dios. Renuncio y abandono cualquier ganancia que pueda haber obtenido a través de tales actos. Si he escuchado a médiums o canalizadores, rechazo esta práctica como rebelión contra Dios, el Creador. Si he obtenido algún beneficio como resultado de tales actos, me niego a usarlos o continuar en ellos.

Cualquier participación que haya tenido con brujería o Satanismo, lo confieso como un pecado perverso. Renuncio a cualquier sacrificio, dedicación, cualquier ceremonia que me haya vinculado a los dioses a los que sirven tales personas. Te pido a ti, el Dios verdadero y vivo, que me limpies y me liberes de tales conexiones y control. Me declaro libre de estos.

Gracias, mi Padre Celestial, que eres suficiente para mí y que me cuidas. Descargo todas mis preocupaciones sobre ti y confío en ti para todas mis necesidades. Admito que no tengo la sabiduría o el poder para defenderme por mi cuenta. En vez de tratar de superar mis limitaciones volviendo a prácticas pecaminosas, recurriré a ti, con todas mis debilidades, para todas mis necesidades. Confiaré en ti y solo en ti. Gracias por el perdón y por eliminar este terreno del enemigo. *Amén.*
— *Dr. C. Fred Dickason*

Renuncia a la rebelión

Padre bueno y amable, reconozco que la rebelión contra Ti originalmente vino de Satanás. También veo que me rebelaría contra Ti por mis propias inclinaciones pecaminosas. Confieso y renuncio a todas las actitudes y prácticas de rebelión en mi vida. No permitiré que esta práctica e influencia satánica continúe en mi vida. Solo Tú eres digno de alabanza, confianza y obediencia. Me entrego a Ti este día y todos los días por todo lo que tienes para mí: la voluntad buena, agradable y perfecta de Dios. Obra en mí para confiar y obedecer. Perdóname por la rebelión contra toda autoridad humana debidamente constituida en el hogar, la escuela, la iglesia y el gobierno. Enséñame y ayúdame a entregarme como es debido a las autoridades establecidas por Dios.

Perdóname por aquello en donde me haya sometido a autoridades constituidas incorrectamente, poniéndome del lado de ellos, participando con ellos y temiéndoles. Rechazo la sumisión a falsos maestros, falsos líderes religiosos y falsas doctrinas. Reclamo el perdón y la limpieza que Tú prometiste en la sangre de Cristo. *Amén.*
— *Dr. C. Fred Dickason*

Eliminando influencias demoníacas

Espíritu del Dios viviente, te pido que desalojes de mi mente consciente, subconsciente e inconsciente todo el control de cualquier poder malvado. Rompe todo su poder y la manipulación de mis procesos de pensamiento. Elimínalos y aclara mi mente de cualquier dominio de espíritus malvados. Renueva y santifica mi mente, Espíritu Santo.

Ahora pido al Espíritu Santo que mire mis emociones en los niveles consciente, subconsciente e inconsciente. Desaloja cualquier poder controlador de la oscuridad. Clemente Espíritu Santo, toma el control de mis emociones. Llénalos con el fruto del Espíritu que es amor, gozo, paz, paciencia, benignidad, bondad, fe, mansedumbre, y autocontrol.

Ahora te pido Espíritu Santo que examines mi voluntad consciente, inconsciente y subconsciente en busca de cualquier control de poderes malvados. Desalójalos ahora a donde el Señor Jesucristo esté mandándolos para que se vayan. Limpia mis maldades por completo y quita la manipulación y el control malvado.

Ofrezco mi cuerpo en todas sus partes y funciones como una expresión de mi adoración espiritual a mi Padre Celestial. Espíritu Santo, examina todo mi cuerpo e identifica cualquier actividad controladora de espíritus malignos. Entrego todos mis apetitos físicos al señorío de Cristo y mi sexualidad para la gloria de Dios. En el nombre y mérito de mi Señor Jesucristo he orado. *Amén.*
—Dr. Mark I. Bubeck

RENUNCIA AL ACOSO DEMONÍACO

Adoro y honro a mi Padre Celestial, al Señor Jesucristo y al Espíritu Santo. Te pido, Señor Jesús, que asignes a Tus santos ángeles para que me protejan de cualquier estrategia de oscuridad diseñada para oponerse a esta oración por libertad.

En el nombre de mi Señor Jesucristo y por el poder de su sangre, afirmo mi autoridad por encima de todos los espíritus malignos asignados para controlarme y dificultar mi vida y testimonio de Cristo. Ahora ordeno a todos los espíritus malignos persistentes que cesen su trabajo y queden atados en la presencia del Señor Jesucristo. También ato a todos los espíritus malignos reemplazados y asignados para reconstruir fortalezas desalojadas. ¡No pueden hacer eso! Ordeno a todos los espíritus asignados contra mí que permanezcan como espíritus completos. Prohíbo cualquier división, reestructuración o multiplicación de espíritus malignos que trabajen en mi contra.

Todos los poderes de las tinieblas asignados contra mí deben escuchar y obedecer a Aquel que es su Creador y Conquistador. Afirmo que

Dios me ha sentado con Cristo Jesús en los lugares celestiales muy por encima de todos los principados y poderes sobrenaturales de la oscuridad.

Señor Jesucristo, te pido que le digas a todos estos poderes de oscuridad asignados para gobernar sobre mí a dónde deben ir. Confínalos donde nunca más puedan molestarme. Cedo plenamente a todos los propósitos que tienes en esta batalla que he estado enfrentando. En tu gran nombre oro. *Amén.*
—Dr. Mark I. Bubeck

Oración para desalojar demonios

(Habiendo eliminado todo terreno legal que el enemigo pueda reclamar) en el nombre de mi Señor Jesucristo y por el poder de Su sangre, ato a cada demonio que me haya sido asignado por este pecado, y ordeno a todos que se vayan. Señor Jesús, te pido que los envíes donde ya no me molestarán más y que hagas lo que sea necesario para hacer cumplir esta expulsión. *Amén.*
— Dr. Marcus Warner

Renuncia a la duda y al miedo

Como eres completamente y por siempre confiable, oh Dios vivo, renuncio a la duda y al miedo, pues son incompatibles con nuestra relación establecida por ti sobre mi fe en el crucificado, resucitado y glorificado Señor Jesús, el Mesías. Nos has dicho que no estemos ansiosos, porque nos cuidas íntima y constantemente. Siempre arrojaré todas mis preocupaciones sobre ti, porque siempre te interesas en mí. Perdóname por el miedo y la ansiedad, y enséñale a tu hijo débil y sin fuerzas a confiar en ti siempre.

Perdóname por dudar de tu amor, tu cuidado y tu Palabra en las Escrituras. Nos has dado todo lo que necesitamos para la vida y la

devoción en este mundo actual. La duda me ha llevado por mal camino a buscar para mi vida algo diferente a ti: en trabajos, relaciones, logros y placeres. Rechazo confiar en mí mismo, mis recursos, mis planes, mis amigos en lugar de confiar en mi Padre todopoderoso. Nada puede separarme de tu amor: ni la muerte ni la vida, Satanás, ni los demonios, ni cosas presentes ni futuras, ni lo alto ni lo profundo, ni el tiempo, ni el espacio, ni ninguna cosa creada. Soy tuyo para siempre, y Tú eres mío. *Amén.*
— *Dr. C. Fred Dickason*

Renuncian al miedo

Padre, ayúdame a estar de acuerdo contigo en que no estoy sujeto al miedo, sino que soy un hijo de tu amor.

Rechazo el miedo al futuro, porque creo que el futuro está en tus manos.

Rechazo el miedo a los malvados, porque Tu Palabra dice: "Aunque un ejército poderoso me rodee, mi corazón no temerá. Aunque me ataquen, permaneceré confiado... pues él me ocultará allí cuando vengan dificultades; me esconderá en su santuario, me pondrá en una roca alta donde nadie me alcanzará".

Renuncio al miedo del rechazo, porque David escribió en Tu Santa Palabra: "aunque mi padre y mi madre me dejaren, con todo, el Señor me recogerá".

Renuncio al miedo de ser testigo de Cristo, porque como Tu Palabra advierte: "Temer a la gente es una trampa peligrosa". Por lo tanto, elijo temerte más que a cualquier ser humano. Lo afirmo: "El Señor está de mi lado; No temeré. ¿Qué puede hacerme el hombre?"

Renuncio al miedo a perder mi propiedad y mis posesiones, porque Tu Palabra dice: "he aprendido a estar contento con lo que tengo... He aprendido el secreto de vivir en cualquier situación, sea con el estómago lleno o vacío, con mucho o con poco. Pues todo lo puedo hacer por medio de Cristo, quien me da las fuerzas".

Renuncio al miedo a Satanás, porque Tu Palabra dice que ya ha sido conquistado "por la sangre del Cordero y la palabra de nuestro testimonio".

Renuncio al miedo de decir "adiós" a un ser querido con enfermedad terminal, porque Jesús prometió: "No dejen que el corazón se les llene de angustia... Si no fuera así, ¿acaso les habría dicho que voy a prepararles un lugar? Cuando todo esté listo, volveré para llevarlos, para que siempre estén conmigo donde yo estoy".

Renuncio al miedo a la muerte, porque afirmo con el Apóstol Pablo: "Para mí vivir es Cristo y morir es ganancia". Gracias por la promesa: "La muerte es sorbida en victoria".

Renuncio al miedo al martirio, porque Tu Palabra declara: "No temas a los que pueden matar el cuerpo, sino que teme al, que puede destruir el alma y el cuerpo en el infierno".

Renuncio al miedo a la soledad, porque nos prometes: "Nuestra comunión es con el Padre y con Su Hijo Jesucristo". Y también: "Nunca te dejaré ni te abandonaré". Y de nuevo: "La paz te dejo; mi paz te doy. No como el mundo da. No dejes que tu corazón se turbe, ni tengas miedo".

Renuncio al miedo a la intimidación, porque Jesús dijo: "Si el mundo te odia, debes saber que me odió a mí antes de odiarte a ti. En el mundo tendrás aflicción, pero ten ánimo; Yo he vencido al mundo".

Renuncio al miedo a las falsas acusaciones. Acepto esta promesa: "Dios los bendice a ustedes cuando la gente les hace burla y los persigue y miente acerca de ustedes y dice toda clase de cosas malas en su contra porque son mis seguidores. ¡Alégrense! ¡Estén contentos, porque les espera una gran recompensa en el cielo! Y recuerden que a los antiguos profetas los persiguieron de la misma manera".

Renuncio al miedo de ser tratado injustamente, porque de Jesús leemos que, "No respondía cuando lo insultaban ni amenazaba con vengarse cuando sufría. Dejaba su causa en manos de Dios, quien siempre juzga con justicia".

Renuncio al miedo al Islam extremista y su deseo de intimidarnos.

Renuncio al miedo a lo políticamente correcto.

Declaro que "La verdad hará libre", y elijo vivir como una persona libre en Cristo Jesús. Hablaré y no estaré en silencio.

Renuncio al miedo a las maldiciones, ya sean conocidas o desconocidas, dichas contra mí y mi familia.

Renuncio al miedo a la manipulación y al control.

Renuncio al miedo de involucrarme en actividades públicas o políticas.

Declaro que Jesucristo es el Señor de todos.

Me someto a Jesús como Señor de cada parte de mi vida. Jesucristo es el Señor de mi hogar. Jesucristo es el Señor de mis relaciones. Jesucristo es el Señor de mi ciudad. Jesucristo es el Señor de mi nación. Jesucristo es el Señor, sobre todo los dioses y religiones falsas. Jesucristo es el Señor sobre todas las naciones de la tierra.

Me *comprometo* a ser testigo vivo de Jesucristo como Señor. No me avergüenzo de Su cruz. "Que nunca me jacte de otra cosa que no sea la cruz de nuestro Señor Jesucristo".

Ahora te *ruego* que me llenes de tu Espíritu Santo y derrames sobre mí todas las bendiciones del Reino de Jesucristo.

Concédeme la gracia de entender con claridad la verdad de Tu Palabra y aplicarla en cada área de mi vida. Dame las palabras de esperanza y vida, como has prometido. Abre y bendice mis labios para que yo pueda hablar con otros con la autoridad y el poder en el nombre de Jesús. Dame el valor de vivir como testigo fiel de Cristo. Dame un amor por todos los pueblos y una pasión por compartir el amor de Cristo con ellos.

Concédeme que lleve tu cruz como símbolo de honor. En el nombre de Jesús, *Amén.*

— *Adaptado por Erwin Lutzer de una oración por Mark Durie*

Renuncia al engaño y buscar la verdad

Oh Padre Celestial, Tu palabra me dice que deseas la verdad en mi ser más íntimo. De ti conoceré la sabiduría y tendré comprensión. Tu palabra también me dice que el corazón de una persona es engañoso y que no siempre puedo entender o saber lo que habita en mi corazón, mi ser más íntimo. Ahora tomo la decisión de que me reveles los motivos y secretos ocultos de mi corazón. Jesús dijo: "Satanás es el padre de las mentiras y un engañador que siempre trata de engañarme con mentiras". A veces he creído las mentiras de Satán y me he engañado por evitar la verdad y negarme. En el pasado fui herido, rechazado, traicionado, debilitado o abusado. En ocasiones he elegido vivir en un mundo de fantasía para escapar del dolor o la soledad. Este mundo de fantasía fue un engaño que creí para escapar a la realidad dolorosa. En otras ocasiones elegí olvidar, reprimir, dividir o separarme mentalmente de los recuerdos o eventos dolorosos. Estos dolores del pasado fueron más de lo que podía soportar. Así que los enterré o los olvidé con toda la ira, la falta de perdón y los votos hechos contra mí y contra los demás. Entiendo que esto es parte de mi historia de vida y al negar esa realidad, niego parte de lo que soy. Estos votos y falta de perdón le dan al enemigo entrada a mi vida y cuerpo y un derecho espiritual y legal para acosarme, afligirme, manipularme o dirigirme de manera compulsiva e impía.

Ahora rechazo esta vida falsa y elijo vivir en la verdad y en la luz. Elijo NO vivir en un mito o mentira de mi pasado. Con la ayuda de Dios, trabajaré con esas heridas, falta de perdón y votos, y me voy a conocer mejor. No deseo que estos votos me conquisten a mí ni a otros. Ahora elijo abandonar esta vida oculta y cierro todas estas puertas en el nombre de Jesús. Tomo autoridad en el nombre de Jesús y reprendo y ordeno a todos los espíritus engañosos que me dejen ahora. Sé que Tú, Padre, disciernes el corazón. Te pido que me reveles la fuente de estos dolores ocultos, dolor, ira, enojo, votos, mentiras o pecados en mi vida. Ahora elijo enfrentar la verdad y NO vivir en negación. Reconozco que no puedo lograr esto con mis propias fuerzas. Te busco, Jesús, por tu ayuda en mi sanidad y liberación. Te pido que me examines, oh Dios, y conozcas mi corazón, me pruebes y conozcas mis pensamientos ansiosos. Mira si hay algún camino de perversidad en mí y guíame en tu camino eterno. *Amén.*

— *Desconocido*

Capítulo cinco
ATADURAS DEL ALMA

"Es en medio de la angustia y el terror que vemos quién es Dios y la maravilla de lo que Él puede hacer".
— Oswald Chambers

Oraciones por romper ataduras del alma

En el nombre de mi Señor Jesucristo, renuncio a cualquier atadura del alma que se haya formado entre mí y _____ a través de mi _____. Rompo cualquier vínculo demoníaco que nos una y les ordeno a esos demonios que se vayan ahora y vayan a donde el Señor Jesús los envíe. *Amén.*

— *Dr. Marcus Warner*

Proceso para romper ataduras del alma malsanas/pecaminosas

Oración para que Dios revele las ataduras negativas del alma

Padre, deseo ser libre de todas las ataduras negativas del alma en mi vida. Por favor revela y trae a mi mente las relaciones que tienen ataduras negativas y pecaminosas del alma que necesiten ser cortadas. Gracias por tu deseo de verme completamente liberado de las cadenas del enemigo. Oro esto en nombre del Señor verdadero y vivo Jesucristo. *Amén.*

Oración por perdón

Padre, elijo perdonar a _____ por *(aquella cosa a la que la atadura del alma está anclada)*, que me hizo sentir *(describe cómo te sentiste, aunque haya sido doloroso, o el sentimiento asociado).*

Oración por cada atadura negativa del alma

Padre, te ruego que elimines, dividas y rompas completamente todas las relaciones negativas establecidas por las fuerzas del mal entre _____ y yo. Renuncio en nombre y autoridad de Jesús a cualquier vínculo con _____ impulsado por Satanás y sus espíritus malignos. Me uno a mi Señor Jesucristo, pidiéndole que destruya completamente todos los efectos impíos, destructivos e hirientes que esta relación ha tenido sobre mí, mi familia, mi matrimonio y mi ministerio.

Oración por recuperar terreno cedido

Retomo el terreno cedido por *(falta de perdón y/o alguna área de ataduras negativas del alma)* con _____; pidiéndote, Padre, que derribes las fortalezas construidas por el enemigo en este terreno y que elimines todas las ruinas. Te ruego que cubras este terreno con la sangre limpiadora del Señor Jesucristo, tomando de vuelta la propiedad de lo que comprase y te pertenece por derecho.

Por la autoridad que tengo en el Señor verdadero y vivo Jesucristo, ordeno a los espíritus o entidades malignos vinculados a este terreno cedido o a esta fortaleza destruida, que me dejen ahora y vayan, escoltados por los santos ángeles de Dios, al lugar donde el Señor Jesucristo los envíe. Oro en el nombre del Señor Jesucristo. *Amén.*

Oración final por las ataduras negativas del alma

Padre celestial, ahora confieso todas las acciones que he tomado que me han conducido a estas ataduras negativas del alma en mi vida. Agradezco por todo tu perdón que tengo en Cristo. Ahora te ruego que cierres estas entradas a mi cuerpo, alma y espíritu. Te pido que restaures y sanes mi alma. Pido tu sabiduría y discernimiento para nunca volver a relaciones que permitan que en mi vida se vuelvan a crear ataduras negativas del alma. Reclamo la bendición del Señor Jesucristo en cualquier aspecto de unión del alma que sea impulsada por Dios. Le prohíbo al enemigo de mi alma que continúe interfiriendo o usando estas relaciones contra mí por el gran poder y la autoridad de Jesucristo, mi Salvador y Señor. En Su nombre, el nombre que es sobre todo nombre, el Rey de Reyes, el Señor de Señores, Jesucristo. *Amén.*

— *Desconocido*

Capítulo seis

ORACIONES POR MÍ MISMO

"La batalla principal es entre el reino de las tinieblas y el reino de Dios, entre el Anticristo y el Cristo, entre el padre de mentiras y el Espíritu de verdad; y estamos en esa batalla, nos guste o no. La batalla se libra principalmente en nuestras mentes. O creemos las mentiras que nos encadenan o creemos la verdad que nos libera."

— *Dr. Neil T. Anderson, Timothy M. Warner,*
"La guía para principiantes en la guerra espiritual"

Una oración por la victoria espiritual

Oh Padre Celestial, te alabo porque estoy unido al Señor Jesucristo en toda Su vida y obra. Por fe deseo entrar en la victoria de la encarnación de mi Señor. Lo invito a vivir Su victoria en mí. Gracias, Señor Jesucristo, porque experimentaste todas las tentaciones que yo experimento, pero nunca pecaste.

Por fe entro en la obra poderosa de la crucifixión de mi Señor. Gracias, buen Padre, que por la sangre de Jesús hay una limpieza de pecado en cada momento, por lo cual puedo tener comunión contigo. Gracias porque la obra de la Cruz reduce a nada el trabajo de Satanás.

Por fe entro en todo el poder y la autoridad de la resurrección de mi Señor. Deseo caminar en la nueva vida que me pertenece por medio de la resurrección de mi Señor. Guíame a una comprensión más profunda del poder de la resurrección.

Por fe entro en mi unión con el Señor Jesucristo en Su ascensión. Me regocijo porque mi Señor mostró abiertamente su victoria sobre todos los poderes al ascender a la gloria atravesando el mismo reino del príncipe del poder del aire.

Entro agresivamente en mi victoria y reclamo mi lugar como más que un vencedor por medio de Aquel que me ama. Ofrezco esta oración en el nombre del Señor Jesús con acción de gracias. *Amén.*
—Dr. Mark I. Bubeck

Centrado en Dios

Padre Amado y celestial, permíteme mantener todas las cosas dentro de la perspectiva de Tu soberanía. Concédeme sabiduría para saber que la ferocidad de la batalla no es evidencia de derrota. Ayúdame a darte gracias y alabarte por Tu propósito en cada fase de la batalla. Rechazo todo el propósito de Satanás con sus ataques contra mí, y acepto todo Tu plan y propósito soberano. Te doy gracias por lo que hace al permitir que el reino de Satanás pelee contra mí. Usa la batalla para refinar, profundizar, madurar, humillar y edificar mi fe.

Concédeme el conocimiento y la comprensión para conocer mi victoria. Deseo que las raíces de mi seguridad de victoria estén en las doctrinas esenciales de Tu Palabra. Deseo verme a mí mismo como invencible por mi unión con Cristo, la Persona y la obra del Espíritu Santo, la totalidad de Tu armadura provista y la oración. Enséñame a apropiarme de mi victoria en una práctica diaria. Te pido estas cosas en el nombre de mi Señor Jesucristo. *Amén.*
—*Dr. Mark I. Bubeck*

ORACIÓN POR ALEGRÍA Y DESCANSO

Padre celestial, te alabo porque has creado humanos para ser criaturas de alegría y descanso. Te ruego que estés trabajando en mi sistema para prepararme para recibir esas bendiciones. Todo lo bueno viene de ti y confío en ti para traer esos aspectos de mi creación a mi vida.

Por favor provéeme relaciones que me den gozo y me muestren cómo dar gozo. Aumenta mi gozo, Señor, para que pueda enfrentar mi vida, tanto pasada como presente con la capacidad de caminar en Tus pasos. Ayúdame a permitir tener el ritmo de gozo y descanso que has pensado para mí.

Trae también a mi vida, por favor, personas que puedan enseñarme cómo encontrar el descanso que mi cuerpo, mente y corazón necesitan. Ayúdame a tener momentos de silencio junto a esas personas, que traigan tranquilidad a mi alma, que me den descanso y me enseñen a tener paz. Provee las fuerzas a través del descanso, y deseo esa fuerza para que cada fruto del Espíritu se produzca en mí, y para que pueda ser testigo de la sanidad y la redención de

cada momento de sufrimiento, pecado o pérdida en mi vida. Te doy gracias, Señor. *Amén.*
— *Desconocido*

Oración para vivir en el Espíritu

Bendito Padre Celestial, en el nombre del Señor Jesucristo deseo caminar en el Espíritu en este día. Reconozco que solamente cuando Él manifieste la vida de Jesucristo en mí, podré escapar a las obras de mi carne. Oro por que el Espíritu Santo produzca Su fruto en todo mi ser y derrame en mi corazón gran amor por el Padre Celestial, por el Señor Jesucristo y por quienes me rodean.

Perdóname, amado Espíritu Santo, por las muchas veces que te has entristecido por mis pecados. Permíteme siempre ser consciente de mis pecados, para que pueda confesarlos a Dios prontamente. Concédeme también el deseo de obedecer la preciosa Palabra de Dios, dame discernimiento para no ser engañado por espíritus falsos.

Deseo que el Espíritu Santo llene todo mi ser con Su presencia y me controle por fe. Lléname, Padre Celestial, con Su poder para que seas glorificado por la fuerza invencible que me das para hacer Tu voluntad. Confío que mi victoria sobre la carne hoy está completamente en las manos del Espíritu Santo y permito que Él tome control de mi vida.

Todo esto te lo pido en el nombre del Señor Jesucristo para Tu gloria. *Amén.*
—*Dr. Mark I. Bubeck*

Oración por perdón

Amado Padre Celestial, te doy gracias por tu amor y tu misericordia conmigo. Tu misericordia es la que me ha llevado al arrepentimiento, apartándome de mis pecados y volviéndome hacia Ti. Reconozco que no he sido amable, paciente y amoroso con los que me han ofendido. He permitido que en mi crezcan la amargura y el resentimiento, separándome de otros y de ti, Padre. Algunas veces he olvidado esta falta de perdón en mi corazón. Se desarrolla en lo más profundo de mí, y a veces sin que yo mismo me dé cuenta. Esto afecta cada aspecto de mi vida y da al enemigo la potestad de atormentarme, así como está escrito en Mateo 18. Hoy confieso que este rencor y esta amargura están afectando mi vida y mi relación con mis prójimos. Por estas heridas del pasado no puedo amar y confiar totalmente en los demás. Entiendo que el perdón no es una emoción, sino un acto de mi voluntad. Ahora elijo ejercer mi voluntad para perdonar a los demás como tú, Padre, me has perdonado. Padre, sé que escudriñas los corazones. Te pido que escudriñes el mío. Revélame todo rencor y toda amargura oculta y secreta, hacia quienes que me han lastimado u ofendido. Elijo no ser gobernado por un espíritu de amargura. Elijo perdonar y tener un espíritu de paz y amor en mi corazón. Me arrepiento, perdono y libero a esas personas en este instante. Te pido Padre Celestial, que me perdones y me restaures, así como he perdonado a los que me han ofendido.

Jesús prometió que el Espíritu Santo traería todo a nuestra memoria. Amado Espíritu Santo, te pido que me recuerdes a cualquiera que tenga que perdonar y lo perdonaré en el nombre de Jesús. *Amén.*
— *Desconocido*

Oración de arrepentimiento

Amado Padre Celestial, vengo nuevamente a adorarte por lo maravilloso que eres. Confieso mis pecados, amado Padre Celestial. Lávame en la preciosa sangre de mi Salvador de todas mis ofensas contra Ti. Reconozco en mí una naturaleza carnal que puede rebelarse ante Tus ojos. Declaro que, en mi unión con Cristo en su muerte, estoy muerto al poder de la naturaleza carnal.

Deseo que la nueva naturaleza que has puesto dentro mí tome el control a través del poder de la resurrección de mi Salvador. Gracias por haber hecho esta nueva creación en justicia y verdadera santidad, para que pueda amarte profundamente y servirte en plenitud. Que tu Espíritu Santo me permita manifestar ante ti y ante los demás el fruto de su control total.

Confieso que, como creyente, muestro mi condición pobre, ciega y desnuda. Gracias por que mi Señor Jesucristo me ha invitado a venir y comprar de él oro refinado en Sus fuegos de disciplina. Quiero ese oro para mí y para tu iglesia. Unge nuestros ojos con el colirio que nos permite ver las cosas como las ve nuestro Señor Jesucristo.

Hago cada petición en el mérito de la obra terminada de nuestro Señor Jesucristo. Amén.
—*Dr. Mark I. Bubeck*

Oración contra la tentación

Los deseos de la carne son parte de nuestras vidas como creyentes, pero no deben controlarnos. A través de la oración, podemos aplicar tres pasos bíblicos para liberarnos de los deseos carnales.

Primero: admisión y confesión honesta de la tentación (Colosenses 1:5-10). Señor Jesucristo, mi vieja naturaleza carnal me está tentando con _____ (nombra la tentación, por ejemplo, lujuria, ira, chismes), y sé que, si no le presto atención, es tan perverso como para llevarme a pecar contra ti.

Segundo: entender que hemos muerto con Cristo (Romanos 6:11; Gálatas 5:24). Deberíamos "considerarnos a nosotros mismos muertos al pecado, pero vivos para Dios en Cristo Jesús". Reconoce esta verdad en oración delante de Señor Jesucristo. Afirmo que a través de Tu cruz estoy muerto a mi naturaleza pecaminosa y te pido que gobiernes y controles mi carne y sus deseos de _____ *(nombre de la tentación carnal que experimentas en ese momento, por ejemplo, ira, lujuria).*

Tercero: vivir bajo el control del Espíritu Santo (Gálatas 5:16-26). Esto requiere que nos volvamos al Espíritu Santo: Bendito Espíritu Santo, ahora te pido que reemplaces este deseo carnal que me está tentando con _____ *(declara el deseo carnal: por ejemplo, celos, lujuria)* con el fruto de Tu control. Coloca en mi mente voluntad, y emociones de Tu amor, alegría, paz, paciencia y todas las virtudes que mi Señor Jesucristo me permite vivir para Su gloria. *Amén.*
—Dr. Mark I. Bubeck

ORACIÓN POR SANIDAD FÍSICA
Reconociendo la guerra espiritual

Padre celestial, gobernador Supremo, te entrego mi bienestar físico, emocional y espiritual para que me sanes y me protejas. Por favor intervén específicamente en mí, rompiendo el poder de esta enfermedad que estoy combatiendo. Si es algo natural, confío en que me tocarás íntima y directamente con la sanidad que necesito. Si el enemigo está aprovechando esto para provocar enfermedad o para torturarme con ella, te pido que destruyas su poder y actividad en ese sentido y en cualquier otro en que tratara de oponerse a mi sanación. Si tuvo parte en el origen de esta enfermedad, te pido que lo juzgues directa y severamente, y que deshagas cualquier daño que haya provocado. Confieso todo temor que me impida confiar en Ti. Me opongo al desánimo, la depresión y la desesperación, en nombre del Salvador Resucitado, y te pido que animes mi corazón y mi mente. Anulo cualquier terreno que el enemigo piensa que domina y en la autoridad de Cristo le ordeno que me deje, y que vaya adonde Jesús lo envía. Si hay alguna parte de mí, herida y confundida debido a algún trauma del pasado, te pido, Padre Celestial, que consueles y sanes esa parte o

esas partes, y las invites a que vengan a ti para que las sanes. Rompe cualquier maldición o plan diseñado para arruinarme, incapacitarme o dañarme en cualquier manera, y establece tu guardia protectora sobre mí para evitar futuros daños o sufrimientos. Yo soy tu hijo y tú eres mi Dios; y confío en que respondes y te muestras poderoso y suficiente para mis necesidades y las de mi familia. Oro en nombre de Jesús Resucitado y por la gloria de Su nombre. *Amén.*
— *Dr. C. Fred Dickason*

PROTECCIÓN CONTRA LOS LOBOS VESTIDOS DE OVEJA

Amado Padre Celestial, nos has advertido que debemos tener cuidado con aquellos que andan vestidos como ovejas, pero que por dentro son lobos rapaces. Has dicho que en los últimos días el mal abundará y Satanás mismo se vestirá como un ángel de luz. Ayúdame, oh Dios, a estar lleno de amor por la verdad y a evitar el espíritu de mentira y toda falsedad y todo error. Ayúdame a reconocer el mal y a huir de él para que no sea quebrantado, sino permanezca firme hasta el final. Que nunca sea yo desviado por medio de poderes engañosos o señales y milagros falsos. Protégeme de los espíritus de rebelión y de los lobos voraces, esos maestros falsos que no tienen compasión de tu rebaño. Mantenme a salvo del enemigo, que viene a matar, robar y destruir. Oh Señor, tú eres el Gran Pastor, hazme conocer tanto tu voz, que te escuche cuando llamas. Dame la fuerza para huir de la tentación y caminar en rectitud mientras espero el día en que Tú, mi Salvador, aparezcas. *Amén.*
— *Kathryn McBride*

Dilemas morales

Amado Padre Celestial, tu palabra me dice en Gálatas 5:17, que mi carne desea o combate contra mi espíritu y que no debo satisfacer los deseos de mi carne. Me entrego al Señor Jesucristo. Caminaré con la guía del Espíritu Santo. Padre, sabes que a veces lucho con la tentación de satisfacer los deseos de mi carne. Entiendo que la lujuria dice: "Debo poseer esto ya". Gran parte de esta batalla está en mi mente y en mis pensamientos. Debido a mi soledad y a mi dolor interno, a veces, me he entretenido con fantasías lujuriosas en mi mente y en mis pensamientos. Esto sólo aumentó el deseo de satisfacer mi carne. A veces, esta batalla ha sido más de lo que podía soportar y he cedido a los deseos de mi carne. Te pido, Padre, que me reveles toda ocasión en que haya quebrantado Tus leyes morales.

Padre, lo siento verdaderamente. Me arrepiento y te pido que me perdones. Agradezco que todos mis pecados son perdonados en Cristo. Me arrepiento y anulo todo acceso de espíritus malignos a mi vida. Declaro la sangre de Jesús sobre mí como mi protección. Ordeno a todo espíritu maligno que haya entrado en mi cuerpo o en mi mente, que se alejen de mí ahora en el nombre de Jesús. Hago ahora un compromiso nuevo de proteger mis ojos y de tomar cautivo todo pensamiento en obediencia a Cristo. Caminaré con la guía del Espíritu Santo. Me esforzaré para tomar el control de mi cuerpo y renovar mi mente sin ceder a los deseos de la carne. Dependeré del Espíritu Santo para ayudarme a lograr esto, en el nombre de Jesús. *Amén.*
— *Desconocido*

Oración por protección

Alabado seas, oh Dios, Padre nuestro, que por compasión Has sido mi escudo contra los ardientes dardos de Satanás. Tú, Señor, estás lleno de gracia y misericordia. Te pido que me perdones por todo lo que he hecho hoy contra ti, en pensamiento, palabra u obra. Dirige tu misericordia hacia mí para que pueda descansar esta noche. Que nunca me aleje de ti, oh Dios. Concédeme tu protección mientras transito por esta vida, para que los planes del enemigo nunca prosperen. Señor, tú eres mi luz y mi salvación, ¿a quién temeré? Tú eres mi fortaleza y mi escudo, ¿de quién he de atemorizarme? Mi alma se aferra a ti mientras tú me defiendes. Tu diestra impide mis tropiezos. Mi corazón confía en ti y eso me reconforta. Alegras mi corazón y a la sombra de tus alas me refugiaré. Señor, clamo a ti y tú respondes mis oraciones. Eres un auxilio permanente en la dificultad, por lo tanto, no temeré. Medito en tus palabras y me guían y me traen paz, por lo tanto, me regocijaré. Cuando la oscuridad se cierne sobre mí, Señor, tú eres la luz en mi camino. *Amén.*
— *Kathryn McBride*

Oración para conocer y hablar con la verdad

En el nombre del Señor Jesucristo, clamo por la protección *del cinturón de la verdad*, como está escrito en Efesios 6:14. Oro por su protección sobre mi vida personal, mi hogar y mi familia, y el ministerio que Dios ha designado para mi vida. Uso *el cinturón de la verdad* directamente contra Satanás y su reino de las tinieblas. Abrazo a Aquel que es la verdad, el Señor Jesucristo, como mi fuerza y protección contra todos los engaños de Satanás.

Deseo que la verdad de la palabra de Dios ocupe un lugar cada vez más profundo en mi vida. Oro por que la verdad de la palabra de Dios pueda ser el deleite de mi corazón para estudiarla y memorizarla.

Perdóname por mis pecados de no decir la verdad. Muéstrame cualquier modo en el que esté siendo engañado.

Le pido al Espíritu Santo que me advierta antes de que yo engañe a alguien y que siempre me proteja de creer las mentiras de Satanás. Gracias, Señor, por hacer de mi iglesia local un pilar y cimiento para tu verdad en mi vida. Ayúdame a relacionarme con mi iglesia y dar protección a los demás, así como a recibirla yo mismo.

Veo, Señor Jesucristo, que mi habilidad para ser fuerte y hacer tu voluntad requiere el poder estabilizador *del cinturón de la verdad*. Gracias por proporcionar esta parte de la armadura. *Amén.*
—Dr. Mark I. Bubeck

Oración para confesar y cancelar los pecados

Señor Jesucristo, confieso que he estado involucrado en _____. Por favor perdóname por este pecado y mal uso de mi cuerpo y cancela cualquier motivo que el enemigo pueda reclamar por este pecado. Ahora elijo recibir tu perdón y, al hacerlo, me perdono mí mismo, para no seguir en esclavitud a este pecado por más tiempo. *Amén.*
— Dr. Marcus Warner

Guerra general

Padre celestial, vengo a Ti en el nombre de Tu Hijo, Jesús, quien se encarnó hace aproximadamente 2000 años, llevó una vida santa y sin pecado, sufrió y murió en la cruz y resucitó para vencer el pecado y la muerte. Es a ti y solo a ti a quien oro. Elijo perdonar a todos los vasos humanos que han sido fuentes de esta guerra. Oro por bendiciones en todos los vasos humanos y mediante este perdón te pido, Señor, que Tú también tengas misericordia de aquellos de quienes tendrías misericordia y que traigas de nuevo la salvación y redención a las personas desde donde se originan esos ataques.

Señor, Te pido que me permitas arrepentirme de todos los pecados que dieron pie a este poder demoníaco, incluyendo los pecados cometidos por generaciones pasadas y los pecados cometidos en esta generación. Señor, si hay pecados específicos de los que Tú quisieras que me arrepienta en nombre de cualquier persona o personas, por favor, tráelos a mi mente y yo los confesaré. Señor, te pido que expongas al enemigo y todas sus fortalezas y que reduzcas su poder por cada momento que este ataque continúe, hasta que las fortalezas del enemigo sean derrotadas. Por favor dame la gracia que sea suficiente para soportar lo que sea que Tú me pidas soportar en tu nombre.

Que tu reino se agrande a medida que conviertes todo lo que está destinado al mal en bien para TU gloria. Pido que esta oración permanezca ante tu trono, aumentando en autoridad hasta que hayas logrado todo lo que quieres hacer a través de esta oración. *Amén.*
— *Desconocido*

CÓMO RESPONDER ANTE LA LUCHA INTENSA CONTRA SATANÁS

Primero: expresa fe positiva hacia el Señor: "En el nombre del Señor Jesucristo, acepto todo propósito que mi Señor tiene al permitirme enfrentar esta feroz batalla con Satanás. Deseo sacar provecho y aprender todo el propósito de mi Señor".

Segundo: en rechazo del propósito de Satanás: "En nombre del Señor Jesucristo y por el poder de su sangre, rechazo todo propósito de Satanás y su reino al afligirme en esta batalla. Ordeno a todos los espíritus malignos detrás de esta aflicción que dejen mi presencia y vayan a donde el Señor Jesucristo los envíe. *Amén.*
— *Desconocido*

Enfrentando al Enemigo

Amado Padre Celestial, tú eres la fortaleza de mi vida; ¿de quién he de atemorizarme? Te adoro y te amo por ser omnipotente, todopoderoso y absoluto en tu grandeza trascendente y poder sin igual. Te agradezco que, sin importar cuán formidables y amenazadoras se vuelvan las fuerzas de la oscuridad, los que están con nosotros siempre son "más" que los que están con ellos. Afirmo que Tu poder no lo iguala ningún retador y que Tu poder está lleno de gloria.

Te adoro, Padre Celestial, en el mérito digno del Señor Jesucristo. Afirmo que Él es Señor para la gloria de Dios Padre. Pongo toda Su persona y obra directamente sobre mi vida como mi protección durante este tiempo de oración. Elijo permanecer en su encarnación, su cruz, su ascensión y su glorificación.

Vengo en humilde obediencia a usar las armas de mi guerra contra la oscuridad que busca gobernar a las personas de mi ciudad, país y mundo. Afirmo que las armas que me has dado para usar están llenas de poder divino, que es suficiente para demoler cada fortaleza que Satanás ha construido para contener tu voluntad y tu plan.

Confieso la horrible maldad y los pecados que yo, mi familia, mis compañeros creyentes y mi cultura hemos cometido. Lávame nuevamente en la sangre de mi Señor Jesucristo para que no haya obstáculo para tu comunión y bendición sobre mí. Me disculpo por la ofensa contra ti, representada en los pecados perversos que caracterizan nuestra cultura. Reconozco que cuando las personas se abandonan en tal rebelión pecaminosa, le están cediendo mucho terreno a Satanás para gobernar nuestra cultura. Mi única esperanza es saber que la obra terminada de mi Señor Jesucristo es un pago suficiente incluso por ellos. Te pido que traigas todo lo que es necesario para concedernos el don del arrepentimiento y una humildad quebrantada ante ti. Te invito a que te acerques a la gente de nuestros tiempos hasta que estemos humillados y destrozados ante ti en un despertar de avivamiento más grande que cualquier otro.

En el poderoso nombre de mi Señor Jesucristo, uso las armas de mi guerra para demoler y debilitar cada trono, dominio, principado, autoridad, poder de las tinieblas y espíritu maligno en el reino celestial que está organizado y diseñado para obstaculizar el avivamiento. Pido al Espíritu Santo que sostenga el extraordinario poder de la sangre derramada y la obra terminada de mi Señor Jesucristo constantemente contra estas fortalezas para causar su destrucción y derrota.

En nombre del Señor Jesucristo y por el poder de Su sangre, derribo todos los niveles de fortaleza de _____. *(Elije elementos de la siguiente lista de áreas de las fortalezas de Satanás que deseas derribar y aplastar. Puedes pensar en otras cosas, la lista es sugerente, no exhaustiva).*

Pornografía
Prácticas sexuales pervertidas
Adulterio y prostitución
Uso y promoción de drogas
Adicción al alcohol
Prácticas y promoción de aborto
Incredulidad y humanismo
Enseñanza neopagana
Actividad ocultista o promoción del ocultismo
Adoración a Satanás
Distorsiones de televisión y medios
Cultos e istmos religiosos (nombra los que conoces)
Teología liberal y doctrinas falsas
Influencias divisorias en el cuerpo de Cristo
Violencia y abuso
Abuso infantil en todas sus formas

Divorcio y desunión familiar
Materialismo y avaricia
Presión social
Sordera y ceguera espiritual
Obstrucción a las personas para que no compartan su fe
Obstrucción a personas para recibir a Cristo
Falta de cuidado a las personas sin hogar y heridas
Desunión y desconfianza en el cuerpo de Cristo
Ataques contra pastores, trabajadores cristianos y sus familias
Interés por espiritismo y sobrenaturalismo malo
Promoción de odio, ira y enojo violento
Obstrucción a reclutamiento y financiación de misioneros
Orgullo, arrogancia espiritual e indiferencia
Descuido del estudio de la Biblia y la oración

Derribo estas fortalezas en el nombre de mi Señor Jesucristo, y oro por que sus obras perversas vuelvan a ellos. Pido a mi amado Padre Celestial que asigne a sus santos ángeles para que participen en la derrota combativa de estas fortalezas del mal. Ato la obra de los poderes del mal en cada una de estas fortalezas e invito al Espíritu Santo a desatar Su extraordinario y convincente poder sobre las personas que están atadas a ellos.

Le pido a Él que exalte los caminos de la justicia ante la comprensión espiritual de tales personas y que los convenza profundamente de su responsabilidad ante Dios en el juicio venidero. Le pido al Espíritu Santo que abra sus ojos espirituales para ver su necesidad de la gracia salvadora de nuestro Señor Jesucristo. Que este reavivamiento por el que oro traiga multitudes a una relación salvadora con Él.

Dirijo mi oración contra las fortalezas asignadas para evitar que la gente de Dios te crea para un despertar de avivamiento. Seguramente muchos deben estar trabajando para hacer que tu pueblo sea tibio y satisfecho con nuestro materialismo, y ciego a nuestras necesidades espirituales. Derribo todas esas fortalezas, con nombre y sin nombre, y oro por que un gran movimiento del Espíritu Santo nos traiga hambre y sed de justicia. Que el Espíritu Santo despierte en el cuerpo de Cristo un apetito insaciable para memorizar, estudiar y conocer la Santa Palabra de Dios.

En el nombre de mi Señor Jesucristo, suplico que venga un avivamiento revolucionario a mi corazón, mi familia, mi iglesia y todo el cuerpo de Cristo hasta que se extienda sobre el mundo que nos rodea y lleve a muchas almas a la gloria. *Amén.*
—*Dr. Mark I. Bubeck*

Capítulo siete

ORACIONES POR OTROS

"Ninguna imagen de la vida cristiana se cita con mayor frecuencia que la de un soldado participante en combate mortal. La idea de Cristianos vestidos con la armadura completa ha capturado la mente y el corazón de cada generación. Todos los creyentes entienden instintivamente que están llamados a luchar, a ser buenos soldados, a vestirse la armadura, a tomar sus armas de justicia, a entrar en la lucha sin miedo, a resistir el asalto feroz del mal y habiendo hecho todo, salir victoriosos al final del día. Adoptar una mentalidad de guerra significa comprender que siempre estamos en guerra, que una batalla se desata en todo nuestro alrededor y que nosotros mismos somos soldados de primera línea. En esta batalla luchamos contra un enemigo que no podemos ver y por esa razón es fácil olvidar que hay una batalla hasta que el ataque llega de repente".

— Dr. Ray Pritchard

Oración por un amigo en esclavitud

Padre Celestial, presento delante ti y del Señor Jesucristo a alguien que es muy querido para ti y para mí: _____. He llegado a ver que Satanás lo/la está cegando y atando en una esclavitud horrible. Él/ella está en una condición en la que por su cuenta no puede acudir a ti en busca de ayuda. Intercedo por él/ella en oración ante tu trono. Recurro a la persona del Espíritu Santo para que me guíe a orar con sabiduría poder y comprensión.

En el nombre del Señor Jesucristo, libero a _____ de la terrible esclavitud que los poderes de la oscuridad están ejerciendo sobre él/ella. Ato todos los poderes de la oscuridad empeñados en destruir su vida. Los ato a un lado en el nombre del Señor Jesucristo y les prohíbo que trabajen. Ato todos los poderes de la depresión que buscan cortar a _____ y encarcelarlo/la en una tumba de abatimiento. Traigo en oración el enfoque de la persona y la obra del Señor Jesucristo directamente sobre _____ para su fortalecimiento y ayuda. Traigo el extraordinario poder de la encarnación, crucifixión, resurrección, ascensión y glorificación de mi Señor directamente contra todas las fuerzas de la oscuridad que buscan destruirlo/la. Le pido al Espíritu Santo que aplique toda obra poderosa del Señor Jesucristo directamente contra todas las fuerzas que buscan destruir a _____.

Oro, Padre Celestial, por que abras los ojos de comprensión de _____. Elimina toda ceguera y sordera espiritual de su corazón. Como sacerdote de Dios en la vida de _____, suplico tu misericordia sobre sus pecados de fracaso y rebelión. Reclamo toda su vida unida en obediente amor y servicio al Señor Jesucristo. Que el Espíritu del Dios viviente enfoque su poderosa obra en _____ para otorgarle el arrepentimiento y liberarlo/la por completo de todo aquello que lo/la ata.

En el nombre del Señor Jesucristo, agradezco por tu respuesta. Concédeme la gracia de ser persistente y fiel en mis intercesiones por _____, para que seas glorificado a través de esta liberación. *Amén.*
— *Dr. Mark I. Bubeck*

Oración por "Reglas del Vencedor"

En el nombre de Jesucristo, reclamo la "Regla del Vencedor" sobre todos los espíritus y tareas espirituales para interferir, confundir, atormentar o dañar a _____. Todos esos espíritus deben irse ahora. Todos los juramentos, hechizos y maldiciones se cancelan y los que los enviaron quedan excluidos de recibir el poder de la oscuridad en el futuro. Todas las comunicaciones y planes de las tinieblas en la tierra o en los lugares celestiales quedan bloqueados y confundidos, y todas las maldiciones, hechizos y misiones volverán al remitente. Padre Dios, como dice Tu Palabra, pido una bendición por el que la envió para que se arrepienta de sus malos caminos y llegue a reconocer a tu hijo Jesús como su Señor y Salvador. *Amén.*
— *Desconocido*

Oración por la salvación de un amigo

Amoroso Padre Celestial, en el nombre de nuestro Señor y Salvador Jesucristo traigo a _____ ante ti. Te doy gracias, Padre Celestial, porque tienes control soberano sobre _____. Te agradezco las cualidades de _____ que tú has puesto en _____.

En el nombre del Señor Jesucristo y como sacerdote de Dios, te suplico la suficiencia de la sangre de Cristo para satisfacer el pago total que merecen sus pecados. Reclamo de vuelta el terreno de su vida que ha dado a Satanás al creer el engaño del enemigo. En el nombre del Señor

Jesucristo, resisto toda la actividad de Satanás que busca mantener a _____ en la ceguera y en las tinieblas.

Por mi autoridad mediante mi unión con el Señor Jesucristo, derribo las fortalezas que el reino de las tinieblas ha formado en contra de _____. Destruiré todos los planes formados contra la mente, la voluntad, las emociones y el cuerpo de _____. Invito al Espíritu Santo de Dios a que nos brinde la plenitud de su poder para dar convencimiento, traer arrepentimiento y para guiar a _____ a la fe del Señor Jesucristo como su Salvador. Te pido, Padre Celestial, que acerques a _____ a ti.

Creyendo que tu Espíritu Santo me guía, reclamo a _____ para ti en el nombre del Señor Jesucristo. Con gozo pongo ante ti esta plegaria en el gran nombre de Jesús. *Amén.*
— *Dr. Mark I. Bubeck*

Oración por salvación de un amigo II

Mi querido Padre Celestial, agradezco que conoces nuestros corazones y estas íntimamente consciente de nuestras necesidades. Te alabo Señor y busco tu favor. Tú has dicho que podemos venir con confianza ante tu trono. En este día traigo ante ti a _____. Oh Señor, me parte el corazón porque el/ella no te conoce. Por favor escucha mi plegaria y concédeme esta petición.

Jesús, en tu palabra has dicho "nadie puede venir a mí si no lo trae el Padre que me envió" *(Juan 6:44)* así que te pido que acerques a _____ a ti. Te ruego, Señor, que el/ella busque conocerte y que pueda creer en tu palabra. Te pido que ates a Satanás para que no pueda cegar a _____ de la verdad. Señor, te ruego que traigas a alguien a su vida que, a través de tu Espíritu Santo, pueda guiarle a Cristo. Te ruego, Señor, que el/ella crea en Jesucristo como su Salvador. Juan 5:24 dice "Les digo la verdad, todos los que escuchan mi mensaje y creen en

Dios, quien me envió, tienen vida eterna. Nunca serán condenados por sus pecados, pues ya han pasado de la muerte a la vida".

Padre Celestial, te ruego que _____ se aparte del pecado y confiese que Cristo es el Señor. Te ruego que el/ella entregue todo y siga a Cristo sin reservas. Es mi suplica que a medida que _____ estudia la Palabra, su fe se arraigue y crezca en Cristo. Estas cosas te ruego en tu preciado nombre. *Amén.*
— *Kathryn McBride*

ORACIÓN POR UNIDAD CRISTIANA

Amado Dios y Padre de nuestro Señor Jesucristo, te adoro en la maravilla de tu unidad trinitaria. Gracias a ti, bendito Espíritu Santo, por tu gran obra de bautizarme en el cuerpo de Cristo, la iglesia. Gracias a ti, Señor Jesucristo por continuar tu gran obra de preparar tu iglesia, para que ella se presente ante ti como una radiante novia, sin ningún tipo de manchas.

Mi Padre, me regocijo en que tu salvación me ha unido inseparablemente no solo contigo, sino también con todos los creyentes. Sin embargo, oro y ruego por la unidad de los que han nacido de nuevo. Hemos sido terriblemente heridos por las cosas que nos han dividido. Gracias a ti, Señor Jesucristo, por planear unidad en vez de uniformidad. La diversidad de Tu cuerpo es parte de Tu belleza y atrae a los perdidos. Te da más gloria. Ayúdanos a amarnos unos a otros en nuestra diversidad.

Bendito Padre Celestial, reconozco que Satanás y su reino son implacables en sus esfuerzos por mantener a los creyentes divididos entre sí. Como acusador de los creyentes, él continuamente genera sospechas en los corazones de los creyentes. En el nombre de mi Señor Jesucristo, derribo ese trabajo de las tinieblas y ato a nuestro enemigo para que no tenga éxito.

Le pido al Espíritu Santo que suplante todas las obras divisivas activas en los creyentes. En el preciado nombre de Jesús oro. *Amén.*
— *Dr. Mark I. Bubeck*

Oraciones por niños mientras duermen en la noche

En el nombre del Señor Jesucristo, encomiendo la mente, voluntad, emociones y cuerpo de _____ al poder protector del Señor Jesucristo y en ministerio sellador del Espíritu Santo mientras duerme. Ato y prohíbo a cualquier poder de las tinieblas que se entrometa en cualquier parte de la persona _____ en el nivel consciente, subconsciente o inconsciente. Padre Celestial, asigna a tus santos ángeles para que protejan la persona y la habitación de _____ para asegurar que ningún poder de las tinieblas se entrometa de ninguna manera mientras duerme. *Amén.*
— *Dr. Mark I. Bubeck*

Protección para niños contra la violencia

Padre Celestial, vivimos en un mundo muy perverso. Una de las peores expresiones de este mal es el daño brutal que los pecadores hacen a los niños pequeños. A menudo terminan en secuestro, abuso sexual, o incluso en la muerte violenta del niño. Gracias por que odias este despreciable mal y también por tu santa ira. Te pido que permanezcas a mi lado en una vigilante protección contra cualquier mal que le pueda ocurrir a _____. He hecho mi morada en Ti, y dependo de Ti para que asignes a Tus santos ángeles para el constante cuidado protector de _____. Que las tácticas más inteligentes de Satanás y de las personas malvadas que él controla, no puedan tocar a _____ de ninguna manera. En el nombre de nuestro Señor Jesucristo. *Amén.*
— *Dr. Mark I. Bubeck*

ORACIONES POR NIÑOS EN RELACIONES INSANAS

Tú nos has dicho en tu palabra, Padre Celestial, que "las malas compañías corrompen el buen carácter". Por esta razón, tengo una profunda preocupación por la mala influencia que veo que _____ tiene sobre _____. En el nombre de mi Señor Jesucristo, derribo todas las conexiones entre _____ y _____ que estén siendo promovidas por el reino de las tinieblas. Pido al Señor Jesucristo que rompa todos los lazos indebidos que tienen lugar entre _____ y _____. Te pido que traigas soberanamente a la vida de _____ solamente aquellas amistades sanas que ayudarán a su desarrollo espiritual e integridad moral de _____. Por el nombre y la dignidad de Jesús te oro. *Amén.*
— *Dr. Mark I. Bubeck*

ORACIONES POR NIÑOS CON TENDENCIAS SEXUALES

Amoroso Padre celestial, te doy gracias por tu santo y sublime propósito para la sexualidad humana. A través de mis palabras, oraciones y conductas concédeme la sabiduría para trasmitir a mis hijos valores bíblicos acerca de su sexualidad. En el nombre de mi Señor Jesucristo y por el poder de su sangre, resisto toda fortaleza de perversidad sexual destinada a gobernar y manipular la sexualidad de _____. Específicamente resisto las fortalezas de _____. *(Nombra cualquier tendencia sexual observada en tu hijo. Por ejemplo: Pornografía, masturbación, atracción hacia personas del mismo sexo, etc.)* Les ordeno que cesen toda actividad contra _____. Ellos y todas sus huestes deben dejar a _____ e ir a donde el Señor Jesucristo los envíe. *Amén.*
— *Dr. Mark I. Bubeck*

Resistiendo al enemigo en defensa de un niño

En nombre del Señor Jesucristo y por el poder de su sangre, resisto cualquier espíritu de las tinieblas que esté tratando de causar que mi hijo o hija _____. Prohíbo que lo haga. Ordeno a que abandone nuestra presencia y se vaya a donde Jesucristo lo envíe. *Amén.*
— *Desconocido*

Oración por hijo/hija rebelde

Me inclino humildemente ante el Padre Celestial para interceder por mi hijo/a, _____. Lo/a traigo ante ti en el nombre del Señor Jesucristo. Te agradezco que has amado a _____ con el amor de tu Calvario. Te agradezco que nos lo/a hayas dado para amarlo/a y criarlo/a en Cristo. Te pido que nos perdones por todas nuestras fallas al guiarlo/a en el camino que debe seguir. Estoy agradecido/a de que eres soberano y que incluso puedes usar la profundidad del pecado en cual está ahora esclavizado/a para volver a unirlo a tu gloria. Te alabo por esta gran prueba que humilla mi corazón ante ti.

Aceptando mi posición de "poder a través de Dios para derribar las fortalezas" traigo toda la obra del Señor Jesucristo para enfocarme directamente en contra de los poderes de las tinieblas que ciegan y atan a _____. Oro por la victoria de la encarnación, crucifixión, resurrección, ascensión y glorificación de nuestro Señor, directamente en contra de todo el poder que Satanás tenga en la vida de _____. Ato todos los poderes de las tinieblas que buscan destruir a _____, y lo/a libero de su ceguera en el nombre del Señor Jesucristo. Invito al bendito Espíritu Santo a que conmueva el corazón de _____ y que lo convenza de pecado, de justicia y del juicio venidero. En mi ministerio sacerdotal, confieso ante ti los pecados de _____ y suplico tu misericordia compasiva hacia él/ella. Confieso que se ha rendido a toda clase de pecados carnales, lo que le ha dado a Satanás

ese lugar en su vida. Suplico la sangre de Cristo sobre la maldad de _____ mientras espero en el Espíritu Santo para que lo/la lleve al arrepentimiento, la fe y a la vida en el Señor Jesucristo. Por fe, pido por una vida que rinda servicio al Dios viviente y verdadero en el nombre del Señor Jesucristo. *Amén.*
— *Dr. Mark I. Bubeck*

Oración de un padre por una hija

Amoroso Padre Celestial, traigo a mi encantadora hija a tu trono en oración. Mediante la persona y la obra del Señor Jesucristo, la presento como una persona perfecta y aceptable ante ti. Que el bendito Espíritu Santo nos cubra durante este tiempo de oración y me permita orar en el Espíritu. Traigo a todos los poderes de las tinieblas que buscan agredir y afligir a _____ a que rindan cuentas ante el Dios viviente y verdadero. Oro por su unión con la poderosa victoria del Señor Jesucristo directamente en contra de ellos. A todos los poderes de las tinieblas que buscan herir el cuerpo y alma de mi hija, los ato en el nombre del Señor Jesucristo. La libero de su ataque y ruego que sobre ella esté la preciosa sangre del Señor Jesucristo. Como su padre y como sacerdote de Dios, reclamo mi lugar de total autoridad sobre todos los poderes de las tinieblas. En tu gracia, recibimos esta experiencia como algo que tiene un fin en el soberano propósito de Dios. Enseña a _____ y a nuestra familia a través de esta prueba. En el nombre del Señor Jesucristo, *Amén.*
— *Desconocido*

Protección para la familia mientras duermen

Oh Dios Todopoderoso y eterno, Padre de nuestro Señor Jesucristo, Te doy gracias que hoy, por tu poder divino me has protegido a mí y a los que amo de las heridas y el peligro. Debo esta protección sólo a tu misericordia. Te pido que nos perdones cualquier pecado que hayamos

cometido en contra de ti. Padre, en tu misericordia, protégenos de las tentaciones y de los planes de Satanás donde busca hacernos caer. Por favor defiéndenos del dolor y la ansiedad, las cuales Satanás utiliza para llevarnos a la desesperación. Abba Padre, que tus ojos estén sobre nosotros y que nos mantengas a salvo de toda violencia y ataque del enemigo. Señor, protégenos. Envuélvenos en tu amor. Porque solo en ti está nuestra salvación y nuestro favor. Tú, Oh Señor, eres una fuerte fortaleza, nuestra espada y escudo. Todas nuestras esperanzas descansan en ti. Levanto mis ojos y clamo por tu ayuda, el Dios Trino, quien hizo los cielos y la tierra. Quédate con nosotros esta noche y rodea nuestro hogar con ángeles guerreros que nos vigilen y nos protejan. Protege nuestros sueños y pensamientos para que solo estén en ti. En el preciado nombre de Jesús. *Amén.*
— *Kathryn McBride*

Oración para limpiar el hogar

En el nombre de mi Señor Jesucristo, renuncio a cualquier reclamo que cualquier demonio pueda tener en esta casa *(u otra propiedad).* Como alguien con autoridad sobre esta casa y siendo hijo del Rey, renuncio a los pecados que hayan abierto una puerta para cualquier presencia demoniaca en este lugar. Por tal razón, en el nombre de Jesús, ordeno a cada demonio que salga ahora y que vaya a donde mi Señor Jesucristo lo envíe. Incluso ahora invito al Espíritu Santo a limpiar este lugar y llenarlo con su presencia. Pido que la bendición y la paz de Dios descansen en este lugar para que sea un refugio, un hogar bendecido por Dios. En el nombre de Jesús, *Amén.*
— *Dr. Marcus Warner*

Oración para establecer un refugio espiritual

Dios todopoderoso, soberano y Padre de nuestro Señor Jesucristo. Vengo ante ti en nombre de nuestro Salvador y en el poder de tu Espíritu Santo, y te pido que examines y saques a la luz cualquier

pecado no confesado o acto de maldad cometido en esta residencia, y que alejes por tu poder los espíritus enemigos persistentes. En el nombre de Jesús, ato a cualquier enemigo ahora mismo que trate de ejercer influencia en esta vivienda: Padre, esta es tu propiedad. Limpia y santifica este lugar por el poder de la sangre del Calvario, y llénalo con tu presencia y gloria. Usa esta casa para tus propósitos eternos: pon ángeles guardianes en los límites de esta propiedad para proteger y cuidar a mi familia *(nombre de miembros específicos de la familia)* de toda influencia maligna. Proclamo que "el cetro de los impíos" no permanecerá sobre este hogar que nos has dado. Por el nombre que es sobre todo nombre, Rey de reyes y Señor de señores, Jesucristo. *Amén.*
— *Desconocido*

Protegiendo tu hogar

Se puede decir mucho sobre la protección de tu hogar ante la guerra espiritual. Esta es una breve lista de pasos a seguir para tener la protección de Dios:

Confiesa y renuncia a cualquier pecado ancestral, conocido o desconocido. Cancela los reclamos que Satanás tenga sobre la familia debido a esto. Ordena a todos los espíritus malignos que vayan a donde Cristo los envíe.

Asegúrate de que todos entiendan el evangelio genuino de Jesucristo.
- Dios es creador y juez.
- Dios debe juzgar el pecado.
- Todos somos culpables ante Dios si no hemos sido perdonados en Jesucristo. PECADO
- Cristo murió para quitar nuestra culpa por el pecado. SUSTITUTO
- Cada uno debe recibir a Jesús como Salvador. CONFIANZA

Si hay una pregunta con respecto a la salvación de un individuo, ora por (1) eliminar el enceguecimiento de Satanás, (2) convicción del Espíritu Santo, y (3) que el Padre atraiga a esa persona a confiar en Cristo.

Da ejemplo de confianza y obediencia a la Palabra de Dios y participa en una oración significativa y relevante con los miembros de la familia. Permite que los miembros de la familia participen con peticiones y expresen adoración al Señor.

Trata a cada miembro del hogar con respeto y consideración, siendo paciente con cada uno según su etapa y desarrollo particular.

Ora por la protección de Dios alrededor de cada miembro donde sea que esté y ora para que el Espíritu Santo los guíe por Su camino y los aleje del camino equivocado. Explica la realidad de la guerra espiritual, del poder y la victoria de Cristo, y cómo tener victoria.

Pídele al Señor que limpie la casa de toda influencia maligna. Puede haber habido residentes anteriores que hayan dado acceso a demonios y pueden haber dejado elementos allí. Busca la dirección del Señor sobre lo que podría ser un problema. Ora para eliminar cualquier maldición o influencia y destruye objetos que parezcan sospechosos.

Dedica la casa y la familia al control del Señor, su protección y bendición. Deja que la casa se llene de alabanza y alegría. Ten una actitud positiva. Haz sonar buena música como canciones espirituales y composiciones clásicas.

No permitas la entrada de influencias malignas a la casa y supervise con gentileza, pero con firmeza lo que se juega o se ve en casa. Evita la entrada de materiales o influencias oscuras, misteriosas y sexualmente perversas.
— *Dr. C. Fred Dickason*

Oración por el lugar de trabajo

Señor Jesús, Gran Hijo de Dios, en quien confío para mi salvación y vida eterna, agradezco por tu amor y gracia soberana en mi vida en este momento; y confío que te interesa participar en los asuntos de mi vida. Confío en ti para mi bienestar, mis relaciones, mi familia, mis responsabilidades y mis necesidades diarias.

Te agradezco por el trabajo que me has dado para hacer, por el empleo que tengo. Ayúdame a contribuir a la prosperidad de aquellos para quienes trabajo. Ayúdame a hacer todo como para Ti, porque Tú eres mi Señor y Maestro que está a cargo de mi vida y mi trabajo. Que yo siga trabajando en este lugar para el beneficio de mis empleadores y para mi beneficio financiero mientras así lo desees. Confío en Ti para el curso de mi vida y trabajo, porque soy Tu hijo por medio de Jesucristo.

Gran Pastor de las ovejas, cuídame en este lugar de trabajo, que yo pueda ser un testimonio de Ti y de Tu verdad y Tu gracia. Haz que mi actitud sea de servicio en todo lo que haga. Me inquietan ciertas evidencias y manifestaciones del mal en este lugar, y por eso hago esta petición. Que las fuerzas del mal sean derrotadas y sus propósitos sean arruinados. Destruye las obras del diablo en este lugar. No permita que continúe el mal uso de la autoridad, las líneas de comunicación y de los fondos. Trae convicción por el Espíritu Santo a aquellos que no están alineados con tu voluntad. Trae a las mentes de quienes tienen la autoridad final cualquier comportamiento incorrecto para que se pueda corregir. Derrota los planes de Satanás y sus demonios y protege a tu pueblo que trabaja aquí. Deja que Tus ángeles me ayuden y me protejan a mí y mi testimonio en este lugar. Dame gracia, paciencia y determinación para servirte mientras espero Tu intervención. Agradezco que actúes rápidamente para aliviar las dificultades que se están presentando. Presento mis peticiones en el nombre del Salvador resucitado y victorioso, agradeciendo que me escuchas y respondes según tu sabio y soberano consejo. *Amén.*
— *Dr. C. Fred Dickason*

Falta de propósito y metas

Gracias, Padre Celestial, porque "Todos los días establecidos para _____ fueron escritos en tu libro antes de que el primero llegara" *(Salmo 139:16)*. Me regocijo en tu plan bueno y satisfactorio para el futuro de _____. En este momento, el sentido de dirección y propósito para la vida de _____ parecen ocultos para él/ella. En el nombre del Señor Jesucristo, me opongo a todos los esfuerzos de la oscuridad para obstruir y desviar la vida de _____ hacia un futuro sin propósito. Te pido que dirijas y reveles soberanamente a _____ tu plan designado para él/ella. Concede a _____ la sabiduría para discernir ese plan y seguirlo en obediencia a tu voluntad. *Amén.*
— *Dr. Mark I. Bubeck*

Oración por el matrimonio

Amado Padre Celestial, agradezco por tu plan perfecto para nuestro matrimonio. Sé que un matrimonio que funciona en tu voluntad es satisfactorio y hermoso. Traigo nuestro matrimonio ante ti para que hagas todo lo que deseas que sea.

Perdóname por mis pecados de fracaso en nuestro matrimonio. *(Puedes especificar y ampliar las confesiones)*. En el nombre del Señor Jesucristo. Derribo todas las fortalezas de Satanás diseñadas para destruir nuestro matrimonio. En su nombre, rompo todas las relaciones negativas entre nosotros que han sido establecidas por Satanás y sus espíritus malignos. Aceptaré solo la relación establecida por ti y el bendito Espíritu Santo. Invito al Espíritu Santo para que me permita tener una relación con _____ *(el nombre de su cónyuge)* que sea satisfactoria a sus necesidades.

Someto nuestras conversaciones para que te agraden. Entrego nuestra relación física para que disfrutemos de tu bendición. Someto nuestro

amor a ti, para que pueda crecer y madurar. Abre mis ojos para ver todas las áreas donde estoy engañado. Abre los ojos de _____ para ver cualquiera de los engaños de Satanás sobre él/ella. Haz que nuestra unión sea la relación Cristocéntrica que has diseñado en tu perfecta voluntad. Pido esto en el nombre de Jesús con acción de gracias. *Amén.*
— *Dr. Mark I. Bubeck*

ORACIONES POR AVIVAMIENTO

Padre Celestial, vengo ante ti suplicando tu misericordia sobre mis pecados, los pecados de otros creyentes y los pecados de nuestra nación. No juzgues esta nación con ira y furia como a Sodoma, sino hazlo mediante una poderosa convicción de pecado. Que los pecadores giman bajo la carga de su culpa hasta que el pueblo clame como lo hicieron los de Pentecostés: "¿Qué haremos?" Alabo tu santo nombre porque hay suficiente medida de gracia mediante la Persona y la obra del Señor Jesucristo para responder a este clamor. Espero que el Espíritu Santo nos prepare y nos lleve a todos al avivamiento. Pido todo esto con alabanza en el nombre del Señor Jesucristo. *Amén.*

* * * * *

Amoroso Padre Celestial, veo en mí el quebrantamiento y la necesidad. Veo grandes necesidades en mi propio corazón, en mi familia, entre mis compañeros creyentes, y en mi comunidad y cultura. Enséñame a cuidar y a orar por a esas necesidades, tal como tu siervo Nehemías aprendió a orar. Revela tu presencia entre nosotros. Acércate a nosotros para que podamos experimentar el quebrantamiento y la conciencia de nuestra necesidad pecaminosa. Afirmo que el avivamiento llega cuando las personas sienten la presencia cercana de nuestro Dios santo. Es en el nombre y la obra terminada de nuestro Señor Jesucristo que oro. *Amén.*
— *Dr. Mark I. Bubeck*

Oración por el país y por el mundo

Amado Padre Celestial, vengo en humilde obediencia a usar las armas de mi guerra contra la oscuridad que busca gobernar a las personas de mi ciudad, país y mundo. Afirmo que las armas que me has dado tienen poder divino, que es suficiente para demoler cada fortaleza que Satanás ha construido para contener tu plan.

En el poderoso nombre del Señor Jesucristo, uso las armas de mi guerra para demoler y debilitar todo dominio, principado, autoridad, poder de las tinieblas y espíritu maligno en el reino celestial que tiene como objetivo obstaculizar el avivamiento.

En nombre del Señor Jesucristo y por el poder de Su sangre, derribo todos los niveles de fortalezas de _____. *(por ejemplo: prácticas y promoción del aborto, promoción y actividad oculta, cultos e "ismos" religiosos, divorcio y desunión familiar, violencia y abuso, orgullo e indiferencia espiritual, etc.)*

Padre Celestial, asigna ángeles santos en combate directo contra estas fortalezas del mal. Te agradezco que, sin importar cuán formidables y amenazadoras se vuelvan las fuerzas de la oscuridad, los que están con nosotros siempre son "más" que los que están con ellos. *Amén.*
— Dr. Mark I. Bubeck

Drogas y otros intoxicantes

En el nombre de mi Señor Jesucristo, vengo en contra de los poderes manipuladores de la oscuridad que buscan crear e intensificar la dependencia de _____ en _____ *(nombre intoxicante)* para afrontar la vida. Renuncio y rechazo ese engaño de la oscuridad en la vida de _____, que lo ha hecho dependiente de este placer engañoso. Pido al Señor Jesucristo que desaloje todos los poderes de las tinieblas asociados con la esclavitud de _____ y que los envíe al lugar donde nunca más puedan controlarlo o manipularlo. Que la

poderosa obra del Espíritu Santo elimine esta dependencia falsa y la reemplace con el fruto gozoso de Su control total. *Amén.*
— *Dr. Mark I. Bubeck*

ORACIÓN PARA ATAR AL ENEMIGO
Durante una renuncia

En el nombre de mi Señor Jesucristo, ato a cualquier demonio que interfiera con lo que Cristo quiere hacer hoy. Te ato a la inactividad y al silencio. No me harás daño a mí ni a nadie en esta habitación. No actuarás, sino que te someterás a las órdenes que se te den como alguien que ha sido derrotado por la sangre del Señor Jesucristo. *Amén.*
— *Dr. Marcus Warner*

LA PALABRA DE DIOS

Amado Padre celestial, vengo a adorarte en la maravilla de lo que has elegido revelar en Tu Palabra acerca de ti mismo. La majestuosidad de tu creación muestra tu asombrosa grandeza. Veo tu omnipotencia cuando veo la inmensidad del universo. Te alabo porque estás presente en todas partes y en los extremos del universo y eres más grande que tu creación.

Contemplo la inmensidad del conocimiento acumulado del hombre y recuerdo tu omnisciente posesión de todo conocimiento. El constante paso del tiempo me hace reflexionar sobre el hecho de que eres eterno, sin principio ni fin. Los caminos mentirosos y pecaminosos de la humanidad, evidentes en todas partes, me hacen desear a Aquel que es la verdad y que reina en justicia absoluta.

Te alabo, Dios amoroso y Padre de nuestro Señor Jesucristo, por lo que has revelado acerca de ti mismo en la palabra escrita de Dios. Afirmo que Tu Santa Palabra es una revelación inerrante de Tu santa verdad. Pido perdón por mi negligencia al leer, memorizar y meditar en Tu

Palabra. Qué desagradable y pecaminoso es para mí, mi familia y mis compañeros creyentes tratar Tu santa palabra tan a la ligera cuando la has puesto a nuestra disposición. Elimina nuestra culpa y crea en los corazones de los creyentes un anhelo por conocer y leer tu palabra.

Mediante Tu Palabra, Padre celestial, llegué a conocer al Señor Jesucristo como mi Salvador del pecado. En Tu Palabra Él se revela como el que se hizo Dios en carne humana y fue victorioso en sí mismo sobre el mundo, la carne y el diablo. En Tu Palabra aprendo que, aunque Él fue vaciado de todas las maneras en que estoy tentado, Él nunca pecó. Tu Palabra declara que, como uno de nosotros, cumplió toda justicia. Tu Palabra declara que fue herido por mis transgresiones y herido por mis iniquidades. Declara que se convirtió en pecado por mí y que mis pecados y ofensas en tu contra fueron puestos sobre Él cuando murió en mi lugar en la cruz.

Es en Tu Palabra que se establece la poderosa verdad de Su triunfo sobre la muerte y la tumba en el poder de la resurrección. Tu Palabra declara con detalle seguro la ascensión del Señor Jesucristo al cielo y su presente y glorificada supervisión de su iglesia. Debido a las declaraciones de Tu Palabra, espero que mi Salvador vuelva con poder y gran gloria. Te amo, Padre celestial, por haberme dado Tu Palabra.

Te alabo, Dios amoroso, porque nos has honrado con la venida del Espíritu Santo en Pentecostés. Gracias por revelarme Tu Palabra en la maravilla de su poderosa obra en este mundo y en los creyentes. Gracias por declarar en Tu Palabra que el Espíritu Santo vino a convencer al mundo de su culpa pecaminosa. Pido al Espíritu Santo que intensifique en gran medida su obra de convencer a la gente de su pecado contra el Dios Santo. Que el Espíritu Santo abra a las personas a ver y escuchar espiritualmente Su Palabra, y que nuevamente clamen en arrepentimiento. Gracias, también, que el Espíritu Santo exalte la justicia al revelar las cosas justas de Tu Palabra. Pido que haga eso con poderosa persuasión.

Oro que el Espíritu Santo, por tu palabra, revele a los corazones humanos la certeza de una responsabilidad de acercamiento a Dios. Que ese hecho aleccionador se llegue a las personas de modo que no puedan encontrar descanso hasta que vengan a nuestro Señor Jesucristo.

Bendito Espíritu Santo, Tú eres quien inspiró la palabra de Dios en revelación divina por medio de instrumentos humanos. Ahora te pido que uses esa palabra para hablar personalmente a los creyentes. Otorga nuevas ideas a los líderes designados por Dios para promover el interés, la lectura, la memorización y la meditación en la Palabra de Dios entre el pueblo de Dios. Te pido, Espíritu Santo, que levantes ungidos evangelistas y predicadores de avivamiento que puedan dar a conocer la Biblia con poder convincente a un mundo perdido.

Oro por el gran poder de la Santa Palabra de Dios contra Satanás y su reino. Confronta y derrota las mentiras de Satanás con la verdad de Tu Palabra. Que el consuelo de Tu Palabra libere a las personas de las acusaciones, tormentos y terror de Satanás. Pido que las advertencias de Tu palabra alerten a las personas sobre las tácticas de Satanás para ponerlas en cautiverio. Invade el reino de Satanás con el mensaje de salvación de Tu Palabra y trae multitudes de la oscuridad del infierno al reino de la luz y la vida eterna.

Reconozco, Padre Celestial, que el avivamiento nunca vendrá mientras la palabra de Dios no llegue a los corazones humanos mediante una atención profunda y personal. En el nombre de mi Señor Jesucristo y por el poder de su sangre, destruyo el poder de Satanás para deshonrar y desacreditar la Santa Palabra de Dios. Traigo en oración el poder del Espíritu Santo contra todas las fortalezas satánicas asignadas para impedir que la palabra de Dios sea escuchada y comprendida por los corazones de las personas. Invito al bendito Espíritu Santo a exaltar la Palabra de Dios y a revelar su poder de manera que confunda a los enemigos de la verdad. Haz que las personas escuchen Tu Palabra con una profundidad nueva e intensa, y mueve a los pastores e iglesias a proclamar y enseñar Tu Palabra con frescura contagiosa.

Afirmo, Padre Celestial, que Tu Palabra es viva y poderosa. Me regocijo de que, aunque el cielo y la tierra pasarán, ni una pequeña palabra de tu santa verdad pasará. Concede a Tu Palabra gran éxito en nuestros días. Usa Tu Santa Palabra para mover a nuestra nación al avivamiento revolucionario. Amo Tu Palabra, oh Señor, y me entrego para conocerla mejor y vivirla más. Ofrezco esta oración en nombre de aquel que es la palabra viva, mi Señor Jesucristo. *Amén.*
— *Dr. Mark I. Bubeck*

Capítulo ocho

AYUDA CON ORACIÓN

"La iglesia no es un hospital; es un puesto militar bajo órdenes de asaltar las puertas del infierno. Todo creyente está en servicio activo, llamado a participar en el cumplimiento de la Gran Comisión (Mateo 28:19, 20). Afortunadamente la iglesia tiene una enfermería donde podemos servir a los débiles y heridos, y ese servicio es necesario, pero nuestro verdadero propósito es ser agentes de cambio en el mundo, tomando una posición, viviendo por la fe y logrando algo para Dios".

— Dr. Neil T. Anderson

Cómo orar en una situación de crisis

En situaciones de crisis en las que sospechas ataduras demoniacas en tu propia vida o en la vida de una persona cercana, los siguientes procedimientos han traído liberación y libertad.

1. Reserva un día a la semana para ayunar y orar. Recluta a otros que puedan compartir tu carga espiritual y preocupación.
2. Haz una corta oración doctrinal de este tipo cada hora en punto.

"En el nombre de mi Señor Jesucristo y por el poder de su sangre, derribo todos los poderes engañosos de las tinieblas que buscan engañar y controlar a _____ por _____. Ordeno a estos poderes de las tinieblas que cesen su impío trabajo y deben dejar a _____ e ir a donde mi Señor Jesucristo los envíe".

Úsala siempre que sientas barreras o relaciones difíciles con otros: En el nombre de mi Señor Jesucristo y por el poder de su sangre, derribo todas las barreras de relaciones entre _____ y yo, que estén siendo autorizadas por Satanás y los poderes de las tinieblas. Sólo aceptaré relaciones entre _____ y yo que estén autorizadas por el Espíritu Santo en la voluntad de Dios. *Amén.*
— Dr. Mark I. Bubeck

"Cuadro de reglas básicas" del Dr. Karl Payne

El cuadro de reglas básicas es una lista de reglas básicas que el Dr. Payne usa para someter a los demonios por completo a la autoridad de Cristo en una sesión de liberación.

- En el nombre del Señor Jesucristo atamos al fuerte. No se le permitirá interferir en este proceso de ninguna manera. No habrá ningún tipo de refuerzos externos. Si hay demonios involucrados con _____ están en juicio y van a perder.

- En el nombre del Señor Jesucristo, solo habrá tráfico unidireccional, desde _____ hacia el pozo. Cuando te vayas llevarás todas tus obras y efectos y a todos tus miembros y sus trabajos y efectos contigo. No podrás volver a entrar a _____ o ingresar a cualquier otra persona presente.
- En el nombre del Señor Jesucristo, solo puedes hablar de lo que se pueda usar en tu contra.
- En el nombre del Señor Jesucristo, las respuestas que das deben ser verdaderas ante el trono blanco de Dios.
- En el nombre del Señor Jesucristo, no habrá blasfemias.
- En el nombre del Señor Jesucristo, _____ tendrá control completo y total de su lengua, mente y cuerpo. No se te permitirá controlar su lengua, mente o cuerpo.
- En el nombre del Señor Jesucristo, daré órdenes que establezcan que "Nosotros mandamos" porque esta es la pelea de _____. El Espíritu Santo de Dios va delante de nosotros, y somos mayoría, y nos unimos contra ustedes. _____ no quiere tener nada que ver contigo. _____ es un hijo de Dios que se opone a ti. Eres un intruso no deseado que tendrá que irse cuando se le ordene.
- En el nombre del Señor Jesucristo, cuando doy órdenes, darás respuestas claras, concisas y completas en la mente de _____ a las preguntas que se te hagan. No se te permitirá confundir la mente de _____ y serás castigado severamente por el Espíritu Santo de Dios si intentas hacerlo.
- Cuando dé órdenes en el nombre del Señor Jesucristo, claramente darás tus respuestas a _____. No tienes el privilegio de hablar directamente a través de él en esta confrontación.
- En el nombre del Señor Jesucristo, no existirá ocultación, duplicación o cambio de autoridad y rango. Te atamos por la estructura de autoridad que ahora tienes, y esa estructura se alterará sólo si elegimos cambiarla.
- En el nombre del Señor Jesucristo, cuando te dé órdenes para que respondas, darás tus respuestas a _____, quien compartirá las respuestas conmigo. No te hablaré directamente, eres un enemigo

derrotado, no un colega o un igual, no vale la pena hablar contigo. Yo le hablaré a mi hermano/hermana en Cristo. Lo único que vas a hacer es cooperar bajo las reglas básicas. ¡Tu autoridad está destrozada!

- Por último, En el nombre del Señor Jesucristo, le pedimos al Espíritu Santo de Dios que haga cumplir todas las reglas básicas y castigue severamente a cualquier demonio que intente salirse de las reglas básicas.

Cuatro Declaraciones (para acompañar las reglas básicas)

- Declaramos nuestra victoria sobre todos los poderes de las tinieblas a través de nuestra cabeza, el Señor Jesucristo. Declaramos que el Señor Jesucristo ha destrozado la autoridad de Satanás en la cruz del Calvario, donde hizo un espectáculo abierto de tu maestro. Colosenses 2:13-15 afirma: *Ustedes estaban muertos a causa de sus pecados y porque aún no les habían quitado la naturaleza pecaminosa. Entonces Dios les dio vida con Cristo al perdonar todos nuestros pecados. Él anuló el acta con los cargos que había contra nosotros y la eliminó clavándola en la cruz. De esa manera, desarmó a los gobernantes y a las autoridades espirituales. Los avergonzó públicamente con su victoria sobre ellos en la cruz. Cuando desarmó a los gobernantes y las autoridades, hizo un espectáculo público de ellos, triunfando sobre ellos a través de Él.*

- Declaramos nuestra autoridad sobre los poderes de las tinieblas a través de nuestro Señor Jesucristo. En Lucas 10:18-20 Jesús les dijo a aquellos que lo seguían: *Sí, les dijo, Vi a Satanás caer del cielo como un rayo. Miren, les he dado autoridad sobre todos los poderes del enemigo; pueden caminar entre serpientes y escorpiones y aplastarlos. Nada les hará daño. Pero no se alegren de que los espíritus malignos los obedezcan; alégrense porque sus nombres están escritos en el cielo.*

- Desde el mismo pasaje de Lucas 10 declaramos nuestra protección de los poderes de las tinieblas a través de nuestra cabeza, el Señor Jesucristo. Jesús dijo, "nada les hará daño". Declaramos que esto es cierto a través de nuestro Señor Jesucristo y nos apoyamos en ello.

- Declaramos nuestra posición sobre los poderes de las tinieblas en Jesucristo. Jesucristo es nuestra cabeza y nosotros conformamos su cuerpo. Efesios 1:18-23: *Pido que les inunde de luz el corazón, para que puedan entender la esperanza segura que él ha dado a los que llamó, es decir, su pueblo santo, quienes son su rica y gloriosa herencia. También pido en oración que entiendan la increíble grandeza del poder de Dios para nosotros, los que creemos en él. Es el mismo gran poder que levantó a Cristo de los muertos y lo sentó en el lugar de honor, a la derecha de Dios, en los lugares celestiales. Ahora Cristo está muy por encima de todo, sean gobernantes o autoridades o poderes o dominios o cualquier otra cosa, no solo en este mundo sino también en el mundo que vendrá Dios ha puesto todo bajo la autoridad de Cristo, a quien hizo cabeza de todas las cosas para beneficio de la iglesia. Y la iglesia es el cuerpo de Cristo; él la completa y la llena, y también es quien da plenitud a todas las cosas en todas partes con su presencia.*

— Tomado de "Guerra Espiritual: cristianos, demonización y liberación" por Dr. Karl Payne

CÓMO ORAR
por R.A. Torrey

En el 6º capítulo de Efesios en el versículo 18 leemos palabras que exponen la tremenda importancia de la oración con una fuerza sorprendente y abrumadora: "Oren en el Espíritu en todo momento y en toda ocasión. Manténganse alerta y sean persistentes en sus oraciones por todos los creyentes". Cuando nos detenemos a considerar el significado de estas palabras, notamos la conexión entre estas, el hijo inteligente de Dios se ve impulsado a decir: "Debo orar, orar, orar. Debo poner toda mi energía y todo mi corazón en la oración. Haga lo que haga, "debo orar". Otra versión revisada podría ser considerada más fuerte que esta: "Orando en todo tiempo con toda oración y súplica en el Espíritu, y velando en ello con toda perseverancia y súplica por todos los santos".

Toma en cuenta los TODOS: "con TODA oración", "en TODO tiempo", "en TODA perseverancia", "por TODOS los santos". Ten en cuenta la acumulación de palabras fuertes, "oración", "súplica", "perseverancia". Nota una vez más la fuerte expresión, "velando en ello", más literalmente, "no durmiendo". Pablo se dio cuenta de la pereza natural del hombre, y especialmente de su pereza natural en la oración. ¡Cuán poco oramos! Muy a menudo la iglesia y el individuo llegan al punto de una gran bendición en la oración y en ese momento la sueltan, se adormecen y renuncian. Deseo que estas palabras "velando en oración" ardan en nuestros corazones. Deseo que todo el versículo arda en nuestros corazones.

Pero ¿por qué esta oración constante, persistente, insomne y de superación es tan necesaria?

1. En primer lugar, porque hay un diablo. Es astuto, es poderoso, nunca descansa, siempre está tramando la caída del hijo de Dios; y si el hijo de Dios se relaja en la oración, el diablo logrará atraparlo.

Este es el pensamiento del contexto. El versículo 12 dice: Pues no luchamos contra enemigos de carne y hueso, sino contra gobernadores malignos y autoridades del mundo invisible, contra fuerzas poderosas de este mundo tenebroso y contra espíritus malignos de los lugares celestiales. Luego viene el versículo 13: "Por lo tanto, pónganse todas las piezas de la armadura de Dios para poder resistir al enemigo en el tiempo del mal. Así, después de la batalla, todavía seguirán de pie, firmes". Luego sigue una descripción de las diferentes partes de la armadura del cristiano que debemos ponernos si queremos enfrentar al diablo y sus poderosas artimañas. Luego, Pablo lleva todo a un clímax en el versículo 18, diciéndonos que a todo lo demás debemos agregar la oración: oración constante, persistente, incansable, sin dormir en el Espíritu Santo, si no, todo lo demás no servirá de nada.

2. La oración es la manera designada por Dios para obtener cosas, y el gran secreto de toda falla en nuestra experiencia, en nuestra vida y en nuestro trabajo es el descuido de la oración.

Santiago lo expresa con mucha fuerza en el cuarto capítulo y segundo versículo de su epístola: "no tienen lo que desean porque no se lo piden a Dios". Estas palabras contienen el secreto de la pobreza y la impotencia del cristiano promedio: descuido de la oración. "¿Por qué avanzo tan poco en mi vida cristiana?", se preguntan muchos cristianos. "Descuido de la oración", responde Dios. "no tienen lo que desean porque no se lo piden a Dios". "¿Por qué veo tan poco fruto en mi trabajo?" se preguntan muchos ministros. Nuevamente Dios responde: "Descuido de la oración. "no tienen lo que desean porque no se lo piden a Dios".

3. Aquellos hombres que Dios estableció como un patrón de lo que esperaba que fueran los cristianos, los apóstoles, consideraban la oración como el asunto más importante de sus vidas.

Todos los hombres poderosos de Dios en la Biblia han sido hombres de oración. Han sido diferentes entre sí en muchas cosas, pero en esto se han parecido.

4. La oración ocupó un lugar muy destacado y jugó un papel muy importante en la vida terrenal de nuestro Señor.

Las palabras "orar" y "oración" se usan al menos veinticinco veces en relación con nuestro Señor en el breve registro de su vida en los cuatro Evangelios, y su oración se menciona en lugares donde las palabras no se usan. Evidentemente, la oración tomó gran parte del tiempo y la fuerza de Jesús, y un hombre o una mujer que no pasa mucho tiempo en oración, no puede ser llamado un seguidor de Jesucristo.

5. Orar es la parte más importante del presente ministerio de nuestro Señor Resucitado.

El ministerio de Cristo no concluyó con su muerte. Su obra expiatoria terminó ahí, pero al resucitar y ascender a la diestra del Padre, pasó a otra misión por nosotros tan importante como la obra de expiación.

No se puede separar de su obra expiatoria, ese es su cimiento, pero es necesario para nuestra completa salvación. El mismo pensamiento se encuentra en el notable y triunfante desafío de Pablo en Romanos 8:34: "Entonces, ¿quién nos condenará? Nadie, porque Cristo Jesús murió por nosotros y resucitó por nosotros, y está sentado en el lugar de honor, a la derecha de Dios, e intercede por nosotros.

Si vamos a tener comunión con Jesucristo en su obra actual, debemos pasar mucho tiempo en oración; debemos entregarnos a la oración sincera, constante, persistente, insomne y vencedora. No conozco nada que haya impreso en mí un sentido de la importancia de orar en todo momento, haciéndolo mucho y constantemente, como la idea de que esa es la actual y principal ocupación de mi Señor resucitado. Quiero tener comunión con Él, y con ese fin le he pedido al Padre que, no importa lo que haga en mí, que me haga en todo tiempo un intercesor, que me haga un hombre que sepa orar y que pase mucho tiempo en oración.

6. La oración es el medio que Dios ha designado para que recibamos misericordia y obtengamos gracia para ayudar en tiempos de necesidad.

Hebreos 4:16 es uno de los versículos más simples y dulces de la Biblia: "Así que acerquémonos con toda confianza al trono de la gracia de nuestro Dios. Allí recibiremos su misericordia y encontraremos la gracia que nos ayudará cuando más la necesitemos" Estas palabras dejan muy claro que Dios ha designado un camino por el cual buscaremos y obtendremos misericordia y gracia. Así es la oración; un acercamiento valiente, confiado y franco al trono de la gracia, el lugar santísimo de la presencia de Dios, donde nuestro compasivo Sumo Sacerdote, Jesucristo, ha entrado en nuestro nombre. *(Versículos 14, 15.)* Misericordia es lo que necesitamos, gracia es lo que debemos tener, o toda nuestra vida y esfuerzos terminarán en un completo fracaso. La oración es la manera de conseguirlas. Hay infinita gracia a nuestra disposición, y la hacemos nuestra por experiencia mediante la oración. Oh, si tan solo entendiéramos la plenitud de la gracia de

Dios, que es nuestra para que pidamos, si comprendiéramos su altura y profundidad y longitud y amplitud, estoy seguro de que pasaríamos más tiempo en oración. La medida de nuestra apropiación de la gracia la determinan nuestras oraciones. ¿Quién está allí que sienta que no necesita más gracia? Entonces pídala. Sea constante y persistente en su súplica. Sea insistente e incansable en lo que pida. Dios se deleita en tenernos como mendigos "desvergonzados" en este sentido; porque muestra nuestra fe en Él, y Él está enormemente complacido con la fe. Debido a nuestra "desvergüenza", Él se levantará y nos dará todo lo que necesitemos *(Lucas 11:8)*. ¡La mayoría de nosotros conocemos pequeñas corrientes de misericordia y gracia, cuando podríamos conocer ríos que desbordan sus orillas!

7. *La oración en el nombre de Jesucristo es la forma en que Jesucristo mismo ha designado que sus discípulos obtengan plenitud de gozo.*

Él dice esto simple y hermosamente en Juan 16:24 "No lo han hecho antes. Pidan en mi nombre y recibirán y tendrán alegría en abundancia". "Sea cumplido" es como lo interpreta la versión Reina Valera. ¿Quién hay que no desee que su gozo se cumpla? Bueno, la manera de cumplirlo es orando en el nombre de Jesús. No hay mayor gozo en la tierra o en el cielo que la comunión con Dios, y la oración en el nombre de Jesús nos lleva a la comunión con Él.

8. *La oración, en cada intención, preocupación y necesidad de la vida, con agradecimiento, es el medio que Dios ha designado para obtener la libertad de toda angustia, y la paz de Dios sobrepasa todo entendimiento.*

"No se preocupen por nada"; dice Pablo, "en cambio, oren por todo. Díganle a Dios lo que necesitan y denle gracias por todo lo que Él ha hecho. Así experimentarán la paz de Dios, que supera todo lo que podemos entender. La paz de Dios cuidará su corazón y su mente mientras vivan en Cristo Jesús" *(Filipenses 4:6-7)*. A primera vista, para muchos esto parece la imagen de una vida hermosa pero fuera del alcance de los mortales ordinarios, pero no es así en absoluto. El versículo nos dice cómo cada hijo de Dios puede alcanzar esta vida: "No se preocupen por nada"; o como dice la versión Reina Valera, "Por nada estéis afanosos". El resto del versículo nos dice cómo, y es muy simple: "en cambio, oren por todo. Díganle a Dios lo que necesitan y denle gracias por todo lo que Él ha hecho. Así experimentarán la paz de Dios". ¿Qué podría ser más sencillo que eso o más simple que eso? Simplemente manténgase en contacto constante con Dios, y cuando surja algún problema o molestia, grande o pequeña, habla con Él al respecto, sin olvidarte de dar gracias por lo que ya ha hecho. ¿Cuál será el resultado? "Así experimentarán la paz de Dios, que supera todo lo que podemos entender. La paz de Dios cuidará su corazón y su mente mientras vivan en Cristo Jesús".

9. *Por lo que la oración logra.*

(1) LA ORACIÓN PROMUEVE NUESTRO CRECIMIENTO ESPIRITUAL como ninguna otra cosa, de hecho, tanto como el estudio de la Biblia; y la verdadera oración y el verdadero estudio de la Biblia van de la mano. John Welch, yerno de John Knox, fue uno de los hombres de oración más fieles que este mundo haya visto. Para él un día era mal gastado si no dedicaba siete u ocho horas a solas con Dios en oración y en el estudio de su palabra. Un anciano, hablando de él después de su muerte dijo: "Era un tipo de Cristo" ¿Cómo llegó a ser tan parecido a su Maestro? Su vida de oración explicó el misterio.

(2) LA ORACIÓN TRAE PODER A NUESTRO TRABAJO. Si deseamos poder para cualquier labor a la que Dios nos llame, ya sea la predicación, la enseñanza, el trabajo con personas o la crianza de nuestros hijos, podemos obtenerlo con una oración sincera.

(3) LA ORACIÓN SIRVE PARA LA CONVERSIÓN DE OTROS La oración a menudo sirve donde todo lo demás falla. Cómo fracasaron por completo todos los esfuerzos y las súplicas de Mónica con su hijo, pero sus oraciones prevalecieron con Dios, y ese joven disoluto se

convirtió en San Agustín, el poderoso hombre de Dios. Mediante la oración los enemigos más amargos del Evangelio se han convertido en sus defensores más valientes, los más grandes sinvergüenzas en verdaderos hijos de Dios, y las mujeres más viles en las santas más puras. Oh, el poder de la oración alcanza lo más bajo, donde la esperanza misma parece vana, y eleva a hombres y mujeres a las mayores alturas, a la comunión con Dios y su semejanza. Es simplemente maravillosa. ¡Qué poco apreciamos esta arma maravillosa!

(4) LA ORACIÓN TRAE BENDICIONES A LA IGLESIA. La historia de la iglesia siempre ha tenido grandes dificultades por superar. El diablo odia a la iglesia y busca en todos los sentidos obstruir su progreso; ya sea mediante falsa doctrina, por división o por corrupción interna de la vida. Pero mediante la oración, se puede abrir un camino claro en medio de todo. La oración erradicará la herejía, calmará los malentendidos, arrasará con los celos y las enemistades, borrará inmoralidades, y traerá la marea completa de la gracia reavivante de Dios. La historia lo demuestra abundantemente. En la hora del presagio más oscuro, cuando el caso de la iglesia, local o universal ha parecido estar más allá de la esperanza, los hombres y las mujeres creyentes se han reunido y clamado a Dios y la respuesta ha llegado.

Así fue en los días de Knox, así fue en los días de Wesley y Whitfield, también lo fue en los días de Edwards y Brainerd, así fue en los días de Finney, así sucedió en los días del gran avivamiento de 1857 en este país y de 1859 en Irlanda, y lo será nuevamente en tu día y en el mío. Satanás ha reunido a sus fuerzas. El mundo, la carne y el diablo celebran un gran carnaval. Hoy es un día oscuro, PERO ahora "Señor, es tiempo de que actúes, porque esta gente malvada ha desobedecido tus enseñanzas" *(Salmos 119:126)*. Y se está preparando para trabajar, y ahora está escuchando la voz de la oración. ¿La oirá? ¿La escuchará de ti? ¿La escuchará de la iglesia como un cuerpo? Yo creo que sí.

— *Tomado de "Como orar" de R.A. Torrey*

¿POR QUÉ YO?

¿Por qué he de decir que no puedo cuando la Biblia dice que todo lo puedo en Cristo que me fortalece? — *Filipenses 4:13*

¿Por qué he de preocuparme por mis necesidades cuando sé que Dios se ocupará de ellas de acuerdo con sus riquezas en gloria en Cristo Jesús? — *Filipenses 4:19*

¿Por qué he de temer cuando la Biblia dice que Dios no me ha dado un espíritu de cobardía, sino de poder, amor y de dominio propio? — *2 Timoteo 1:7*

¿Por qué he de carecer de fe para que Cristo viva su vida a través de mí, cuando Dios me ha dado una dosis de fe? — *Romanos 12:3*

¿Por qué he de ser débil cuando la Biblia dice que el Señor es la fortaleza de mi vida y que me mostraré fuerte y actuaré porque conozco a Dios? — *Salmos 28:7*

¿Por qué he de permitir que Satanás controle mi vida cuando el que está en mí es mayor que el que está en el mundo? — *1 Juan 4:4*

¿Por qué he de aceptar la derrota cuando la Biblia dice que Dios siempre me guía a la victoria? — *2 Corintios 2:14*

¿Por qué he de carecer de sabiduría cuando sé que Cristo se convirtió en sabiduría de Dios para mí y Dios me da sabiduría generosamente cuando se la pido? — *1 Corintios 1:30; Santiago 1:5*

¿Por qué he de deprimirme cuando puedo recordar la bondad, la compasión y fidelidad de Dios y tener esperanza? — *Lamentaciones 3:21-23*

¿Por qué he de preocuparme y enojarme cuando puedo poner toda mi angustia en Cristo que cuida de mí? — *1 Pedro 5:7*

¿Por qué he de estar en esclavitud sabiendo que hay liberación y libertad donde está el Espíritu del Señor? — *2 Corintios 3:17; Gálatas 5:1*

¿Por qué he de sentirme condenado cuando la Biblia dice que no hay condenación para los que están en Cristo Jesús? — *Romanos 8:1*

¿Por qué he de sentirme solo cuando Jesús dijo que siempre está conmigo y que nunca me dejará ni me abandonará? — *Mateo 28:20; Hebreos 13:5*

¿Por qué he de sentirme maldito o víctima de la desgracia cuando la Biblia dice que Cristo me rescató de la maldición de la ley para que pudiera recibir su Espíritu por fe? — *Gálatas 3:13-14*

¿Por qué he de ser infeliz cuando puedo aprender como Pablo a tener gozo cualquiera sea mi circunstancia? — *Filipenses 4:11*

¿Por qué he de sentirme inútil cuando Cristo se hizo pecado por mi para que yo pueda ser justicia de Dios en Él? — *2 Corintios 5:21*

¿Por qué he de sentirme indefenso en la presencia de otros, cuando sé que si Dios es por mí, quién contra mí? — *Romanos 8:31*

¿Por qué he de estar confundido cuando Dios es el autor de la paz y me ha dado conocimiento a través de su Espíritu que vive en mí? — *1 Corintios 2:12; 14:33*

¿Por qué he de sentirme un fracaso cuando soy más que un vencedor mediante Cristo que me ama? — *Romanos 8:37*

¿Por qué he de dejar que las presiones de la vida me preocupen cuando puedo tener valor sabiendo que Jesús ha vencido al mundo y sus problemas? — *Juan 16:33*

LAS PROMESAS DE DIOS

Es imposible: Todo es posible. — *Lucas 18:27*

Estoy muy cansado: Yo te daré descanso. — *Mateo 11:28-30*

Nadie me ama de verdad: Yo te amo. — *Juan 3:16*

No puedo seguir:	Mi gracias es suficiente. — *2 Corintios 12:9*
No puedo resolver las cosas externas:	Yo dirigiré tus pasos. — *Proverbios 3, 5, 6*
No puedo hacerlo:	Todo lo puedes. — *Filipenses 4:13*
No soy competente:	Soy competente. — *2 Corintios 9:8*
No vale la pena:	Valdrá la pena. — *Romanos 8:28*
No me puedo perdonar:	Yo te perdono. — *1 Juan 1:9; Romanos 8:1*
No lo puedo controlar:	Proveeré para todas tus necesidades. — *Filipenses 4:19*
Estoy asustado:	No te he dado un espíritu de cobardía. — *2 Timoteo 1:7*
Siempre estoy preocupado y frustrado:	Echa toda tu ansiedad sobre mí. — *1 Pedro 5:7*
No tengo suficiente fe:	A cada uno le he dado una medida de fe. — *Romanos 10:17*
No soy lo suficientemente inteligente:	Te doy sabiduría. — *1 Corintios 1:30*
Me siento solo:	Nunca te dejaré ni te abandonaré. — *Hebreos 13:5*

— Desconocido

Quien soy en Cristo

Soy aceptado:

Juan 1:12	Soy hijo de Dios.
Juan 15:15	Soy amigo de Cristo.
Romanos 5:1	He sido justificado.
1 Corintios 6:17	Estoy unido con el Señor, y soy un Espíritu con Él.
1 Corintios 6:20	He sido comprado por un precio. Pertenezco a Dios.
1 Corintios 12:27	Soy miembro del cuerpo de Cristo.
Efesios 1:1	Soy un santo.
Efesios 1:5	He sido adoptado como hijo de Dios.
Efesios 2:18	Tengo acceso directo a Dios mediante el Espíritu Santo.
Colosenses 1:14	He sido redimido y perdonado de todos mis pecados.
Colosenses 2:10	Estoy completo en Cristo.

Estoy Seguro:

Romanos 8:1-2	Soy libre de condenación.
Romanos 8:28	Estoy seguro de que todas las cosas juntas obran para bien.
Romanos 8:31-34	Estoy libre de cualquier condena en mi contra.
Romanos 8:35-39	No puedo separarme del amor de Dios.
2 Corintios 1:21-22	He sido establecido, ungido y sellado por Dios.
Filipenses 1:6	Estoy seguro de que la buena obra que Dios ha comenzado en mí será perfeccionada.

Filipenses 3:20	Soy ciudadano del cielo.
Colosenses 3:3	Estoy escondido con Cristo en Dios.
2 Timoteo 2:7	No me ha sido dado un espíritu de cobardía, sino de poder, amor y de dominio propio.
Hebreos 4:16	Puedo encontrar gracia y misericordia en tiempos de necesidad.
1 Juan 5:18	Soy nacido de Dios, y el maligno no puede tocarme.

Soy importante:

Mateo 5:13-14	Soy la sal y la luz de la tierra.
Juan 15:1, 5	Soy una rama de la vid verdadera, un canal de su vida.
Juan 15:16	He sido elegido y designado para dar fruto.
Hechos 1:8	Soy testigo personal de Cristo.
1 Corintios 3:16	Soy el templo de Dios.
2 Corintios 5:17-21	Soy ministro de reconciliación para Dios.
2 Corintios 6:1	Soy compañero de trabajo de Dios (*1 Corintios 3:9*)
Efesios 2:6	Estoy sentado con Cristo en los lugares celestiales.
Efesios 2:10	Soy la obra de Dios.
Efesios 3:12	Puedo acercarme a Dios con libertad y confianza.
Filipenses 4:13	Todo lo puedo en Cristo que me fortalece.

– Tomado de "Victoria sobre la oscuridad" por el Dr. Neil T. Anderson

El corazón de Dios revive

Nancy DeMoss Wolgemuth contrasta las características de las personas orgullosas e inquebrantables que se resisten al llamado de Dios en sus vidas con las cualidades de las personas humildes y quebrantadas que han experimentado el avivamiento de Dios. Lee cada elemento de la lista mientras le pides a Dios que le revele qué características de un espíritu orgulloso encuentras en tu vida. Confiésale esto a Él, luego pídele que restaure en ti la calidad correspondiente de un espíritu humilde quebrantado.

"El sacrificio que sí deseas es un espíritu quebrantado; tú no rechazarás un corazón arrepentido y quebrantado, oh Dios". Salmos 51:17

Personas orgullosas	Las personas heridas
• Se centran en las fallas de los demás	• Se sienten abrumadas con el sentido de su propia necesidad espiritual
• Tienen un espíritu crítico que busca fallas; miran los errores de todos los demás con un microscopio, pero los propios con un telescopio	• Son compasivas, pueden perdonar mucho porque saben cuánto han sido perdonados
• Se justifican a sí mismos; menosprecian a los demás	• Estiman a todos los demás como mejores que ellos mismos
• Son independientes, de espíritu autosuficiente	• Tienen un espíritu dependiente; reconocen su necesidad de otros
• Se afanan por demostrar que tienen la razón	• Están dispuestos a ceder el derecho de estar en lo correcto
• Reclaman sus derechos; tienen un espíritu exigente	• Ceden sus derechos, tienen un espíritu manso
• Son autoprotectores de su tiempo, sus derechos y reputación	• Son abnegados
• Desean ser servidos	• Son motivados en servir a los demás
• Desean tener éxito	• Son motivados en ser fieles y hacer que otros tengan éxito

Personas orgullosas	Las personas heridas
• Desean progresar personalmente	• Desean promover a los demás
• Las mueve ser reconocidas y apreciadas	• Tienen un sentido propio de indignidad, les emociona que Dios los use
• Se hieren cuando otros son promovidos y no se les pasa por alto	• Son deseosos de que otros reciban el crédito; se regocijan cuando los demás son exaltados
• Tienen una sensación subconsciente que dice: "Este ministerio/iglesia tiene el privilegio de tenerme a mí y a mis dones"; piensan en lo que pueden hacer por Dios	• La actitud de su corazón es, "no merezco participar en ningún ministerio"; saben que no tienen nada que ofrecer a Dios excepto la vida de Jesús que fluye a través de sus vidas rotas
• Se sienten seguros de lo mucho que saben	• Son humildes por lo mucho que tienen que aprender
• Se cohíben	• No se preocupan por ellos mismos en absoluto
• Mantienen a otros a la distancia	• Están dispuestos a correr el riesgo de acercarse a los demás y a amar íntimamente
• Son rápidos para culpar a los demás	• Aceptan su responsabilidad personal y pueden ver cuando están equivocados en una situación
• No son amables, se tornan defensivos cuando reciben críticas	• Reciben las críticas con humildad y espíritu abierto
• Les preocupa ser respetados, lo que los otros piensen; se esfuerzan por proteger su propia imagen y reputación	• Les interesa ser reales, lo que les importa no es lo que los otros piensen sino lo que Dios sabe, están dispuesto a morir por su propia reputación
• Les es difícil compartir su necesidad espiritual con los demás	• Están dispuestos a ser abiertos y transparentes con los demás como Dios lo indica

Personas orgullosas	Las personas heridas
Quieren estar seguros de que nadie se entere cuando han pecado; su instinto es encubrir	Una vez rotos, no les importa quién lo sabe o quién se entera; están dispuestos a exponerse porque no tienen nada que perder
Se les dificulta decir: "me equivoqué; ¿puedes perdonarme, por favor?"	Son rápidos para admitir el fracaso y buscar el perdón cuando es necesario
Tienden a tratar generalidades cuando confiesan pecados	Pueden reconocer detalles específicos al confesar su pecado
Les preocupan las consecuencias de su pecado	Les aflige la causa, la raíz de su pecado
Sienten remordimiento por sus pecados, lamentan haber sido descubiertos o atrapados	Tienen un arrepentimiento genuino y verdadero por sus pecados, evidenciados en el hecho de que abandonan ese pecado
Esperan a que los demás se acerquen y pidan perdón cuando hay un malentendido o conflicto en una relación	Toman la iniciativa de reconciliarse cuando hay un malentendido o conflicto en las relaciones; corren hacia la cruz; ven si pueden llegar primero, no importa cuán equivocado haya estado el otro
Se comparan con los demás y se sienten dignos de honor	Se comparan con la santidad de Dios y sienten una necesidad desesperada de su misericordia
No ven el verdadero estado de su corazón	Caminan en la luz
No piensan que tienen algo de qué arrepentirse	Se dan cuenta de que necesitan una actitud continua de arrepentimiento
No piensan que necesitan reavivamiento, pero están seguros de que todos los demás sí.	Sienten continuamente su necesidad de un nuevo encuentro con Dios y de una nueva llenura de su Espíritu Santo.

Batalla por la mente

Somos humanos, pero no luchamos como lo hacen los humanos.
— *2 Corintios 10:3*

Usamos las armas poderosas de Dios, no las del mundo, para derribar las fortalezas del razonamiento humano y para destruir argumentos falsos.
— *2 Corintios 10:4*

Destruimos todo obstáculo de arrogancia que impide que la gente conozca a Dios. Capturamos los pensamientos rebeldes y enseñamos a las personas a obedecer a Cristo;
— *2 Corintios 10:5*

No imiten las conductas ni las costumbres de este mundo, más bien dejen que Dios los transforme en personas nuevas al cambiarles la manera de pensar. Entonces aprenderán a conocer la voluntad de Dios para ustedes, la cual es buena, agradable y perfecta.
— *Romanos 12:2*

Basado en el privilegio y la autoridad que Dios me ha dado, le advierto a cada uno de ustedes lo siguiente: ninguno se crea mejor de lo que realmente es. Sean realistas al evaluarse a ustedes mismos, háganlo según la medida de fe que Dios les haya dado.
— *Romanos 12:3*

Los que están dominados por la naturaleza pecaminosa piensan en cosas pecaminosas, pero los que son controlados por el Espíritu Santo piensan en las cosas que agradan al Espíritu.
— *Romanos 8:5*

Por lo tanto, permitir que la naturaleza pecaminosa les controle la mente lleva a la muerte. Pero permitir que el Espíritu les controle la mente lleva a la vida y a la paz.
— *Romanos 8:6*

Pues la naturaleza pecaminosa es enemiga de Dios siempre. Nunca obedeció las leyes de Dios y jamás lo hará.
— *Romanos 8:7*

Ya que han sido resucitados a una vida nueva con Cristo, pongan la mira en las verdades del cielo, donde Cristo está sentado en el lugar de honor, a la derecha de Dios.
— *Colosenses 3:1*

Piensen en las cosas del cielo, no en las de la tierra.
— *Colosenses 3:2*

Por eso les digo: dejen que el Espíritu Santo los guíe en la vida. Entonces no se dejarán llevar por los impulsos de la naturaleza pecaminosa.
— *Gálatas 5:16*

Deshágande se su vieja naturaleza pecaminosa y de su antigua manera de vivir, que está corrompida por la sensualidad y el engaño.
— *Efesios 4:22*

En cambio, dejen que el Espíritu les renueve los pensamientos y las actitudes.
— *Efesios 4:23*

Pónganse la nueva naturaleza, creada para ser a la semejanza de Dios, quien es verdaderamente justo y santo.
— *Efesios 4:24*

Por el momento, tengo todo lo que necesito, ¡y aún más! Estoy bien abastecido con las ofrendas que ustedes me enviaron por medio de Epafrodito. Son un sacrificio de olor fragante aceptable y agradable a Dios.
— *Filipenses 4:8*

Pues Dios no nos ha dado un espíritu de temor y timidez sino de poder, amor y autodisciplina.
— *2 Timoteo 1:7*

Y Dios me eligió para que sea predicador, apóstol y maestro de esta Buena Noticia.
— *2 Timoteo 1:11*

Por eso estoy sufriendo aquí, en prisión; pero no me avergüenzo de ello, porque yo sé en quién he puesto mi confianza y estoy seguro de que él es capaz de guardar lo que le he confiado hasta el día de su regreso.
— *2 Timoteo 1:12*

Así que preparen su mente para actuar y ejerciten el control propio. Pongan toda su esperanza en la salvación inmerecida que recibirán cuando Jesucristo sea revelado al mundo.
— *1 Pedro 1:13*

El fin del mundo se acerca. Por consiguiente, sean serios y disciplinados en sus oraciones.
— *1 Pedro 4:7*
— *Desconocido*

Capítulo nueve
LAS ESCRITURAS

"Si profeso con la voz más alta y la exposición más clara cada porción de la verdad de Dios, pero no menciono que el mundo y el diablo están atacando en ese momento, no estoy confesando a Cristo, por más valiente que pueda ser al proclamar a Cristo. La lealtad del soldado se demuestra donde arrecia la batalla; su firmeza en todo el campo de batalla es como si huyera, y la retirada en ese punto es pura desgracia".

— *Martin Luther*

Además, yo estoy contigo y te protegeré dondequiera que vayas. Llegará el día en que te traeré de regreso a esta tierra. No te dejaré hasta que haya terminado de darte todo lo que te he prometido.
— *Génesis 28:15*

Sin embargo, desde allí, buscarán nuevamente al Señor su Dios. Y si lo buscan con todo el corazón y con toda el alma, lo encontrarán.
— *Deuteronomio 4:29*

Mi mandato es: "¡Sé fuerte y valiente! No tengas miedo ni te desanimes, porque el Señor tu Dios está contigo dondequiera que vayas".
— *Josué 1:9*

¡Sean fuertes y valientes! No tengan miedo ni se desalienten por causa del rey de Asiria o de su poderoso ejército, ¡porque hay un poder mucho más grande de nuestro lado! ¡Con nosotros está el Señor nuestro Dios para ayudarnos y para pelear nuestras batallas por nosotros!
— *2 Crónicas 32:7-8*

Te alabaré, Señor, con todo mi corazón; contaré de las cosas maravillosas que has hecho. Gracias a ti, estaré lleno de alegría; cantaré alabanzas a tu nombre, oh Altísimo. Mis enemigos retrocedieron, tambalearon y murieron cuando apareciste. Pues has juzgado a mi favor; desde tu trono juzgaste con imparcialidad. Reprendiste a las naciones y destruiste a los malvados; borraste sus nombres para siempre. El enemigo está acabado, quedó en ruinas eternas; las ciudades que arrancaste de raíz ya pasaron al olvido. Pero el Señor reina para siempre, desde su trono lleva a cabo el juicio. Juzgará al mundo con justicia y gobernará a las naciones con imparcialidad. El Señor es un refugio para los oprimidos, un lugar seguro en tiempos difíciles. Los que conocen tu nombre confían en ti, porque tú, oh Señor, no abandonas a los que te buscan. Canten alabanzas al Señor, que reina en Jerusalén. Cuéntenle al mundo acerca de sus inolvidables hechos. Pues el vengador de los que son asesinados cuida de los indefensos;

no pasa por alto el clamor de los que sufren. Señor, ten misericordia de mí. Mira cómo me atormentan mis enemigos; arrebátame de las garras de la muerte. Sálvame, para que te alabe públicamente en las puertas de Jerusalén, para que me alegre porque me has rescatado. Las naciones han caído en el hoyo que cavaron para otros; sus propios pies quedaron atrapados en la trampa que tendieron. Al Señor lo conocen por su justicia; los malvados son presos de sus propias acciones. Los malvados descenderán a la tumba; este es el destino de las naciones que se olvidan de Dios. Pero aquellos que pasen necesidad no quedarán olvidados para siempre; las esperanzas del pobre no siempre serán aplastadas. ¡Levántate, oh Señor! ¡No permitas que simples mortales te desafíen! ¡Juzga a las naciones! Haz que tiemblen de miedo, oh Señor; que las naciones sepan que no son más que seres humanos.
— *Salmos 9*

¡Amen al Señor todos los justos! Pues el Señor protege a los que le son leales, pero castiga severamente a los arrogantes. Así que, ¡sean fuertes y valientes, ustedes los que ponen su esperanza en el Señor!
— *Salmos 31:23-24*

Alabaré al Señor en todo tiempo; a cada momento pronunciaré sus alabanzas. Solo en el Señor me jactaré; que todos los indefensos cobren ánimo. Vengan, hablemos de las grandezas del Señor; exaltemos juntos su nombre. Oré al Señor, y él me respondió; me libró de todos mis temores. Los que buscan su ayuda estarán radiantes de alegría; ninguna sombra de vergüenza les oscurecerá el rostro. En mi desesperación oré, y el Señor me escuchó; me salvó de todas mis dificultades. Pues el ángel del Señor es un guardián; rodea y defiende a todos los que le temen. Prueben y vean que el Señor es bueno; ¡qué alegría para los que se refugian en él! Teman al Señor, ustedes los de su pueblo santo, pues los que le temen tendrán todo lo que necesitan. Hasta los leones jóvenes y fuertes a veces pasan hambre, pero a los que confían en el Señor no les faltará ningún bien. Vengan, hijos míos, y escúchenme, y les enseñaré a temer al Señor. ¿Quieres vivir una vida larga y próspera? ¡Entonces refrena tu lengua de hablar el mal y tus labios de decir mentiras! Apártate del mal y haz el bien; busca la paz y esfuérzate por mantenerla. Los ojos del Señor están sobre los que hacen lo bueno; sus oídos están abiertos a sus gritos de auxilio. Pero el Señor aparta su rostro de los que hacen lo malo; borrará todo recuerdo de ellos de la faz de la tierra. El Señor oye a los suyos cuando claman a él por ayuda; los rescata de todas sus dificultades. El Señor está cerca de los que tienen quebrantado el corazón; él rescata a los de espíritu destrozado. La persona íntegra enfrenta muchas dificultades, pero el Señor llega al rescate en cada ocasión. Pues el Señor protege los huesos de los justos; ¡ni uno solo es quebrado! Sin duda, la calamidad destruirá a los perversos, y los que odian a los justos serán castigados. Pero el Señor redimirá a los que le sirven; ninguno que se refugie en él será condenado.

— *Salmos 34*

No te inquietes a causa de los malvados ni tengas envidia de los que hacen lo malo. Pues como la hierba, pronto se desvanecen; como las flores de primavera, pronto se marchitan. Confía en el Señor y haz el bien; entonces vivirás seguro en la tierra y prosperarás. Deléitate en el Señor, y él te concederá los deseos de tu corazón. Entrega al Señor todo lo que haces; confía en él, y él te ayudará. Él hará resplandecer tu inocencia como el amanecer, y la justicia de tu causa brillará como el sol de mediodía. Quédate quieto en la presencia del Señor, y espera con paciencia a que él actúe. No te inquietes por la gente mala que prospera, ni te preocupes por sus perversas maquinaciones. ¡Ya no sigas enojado! ¡Deja a un lado tu ira! No pierdas los estribos, que eso únicamente causa daño. Pues los perversos serán destruidos, pero los que confían en el Señor poseerán la tierra. Pronto los perversos desaparecerán; por más que los busques, no los encontrarás. Los humildes poseerán la tierra y vivirán en paz y prosperidad. Los malvados conspiran contra los justos; les gruñen de manera desafiante. Pero el Señor simplemente se ríe, porque ve que el día de su juicio se acerca. Los perversos sacan sus espadas y ponen cuerdas a sus arcos para matar al pobre y al oprimido, para masacrar a los que hacen lo correcto. Pero sus espadas atravesarán su propio corazón, y se les quebrarán los arcos. Es mejor ser justo y tener poco que ser malvado y rico. Pues la fuerza de los malvados será destrozada, pero el Señor cuida a los justos. Día a día el Señor cuida a los inocentes, y ellos recibirán una herencia que permanece para siempre. No serán avergonzados en tiempos difíciles; tendrán más que suficiente aun en tiempo de hambre. Pero los perversos morirán; los enemigos del Señor son como las flores del campo, desaparecerán como el humo. Los perversos piden prestado y nunca pagan, pero los justos dan con generosidad. Los bendecidos por el Señor poseerán la tierra, pero aquellos a quienes él maldice, morirán. El Señor dirige los pasos de los justos; se deleita en cada detalle de su vida. Aunque tropiecen, nunca caerán, porque el Señor los sostiene de la mano. Una vez fui joven, ahora soy anciano, sin embargo, nunca he visto abandonado al justo ni a sus hijos mendigando pan. Los justos siempre prestan con generosidad y sus hijos son una bendición. Aléjate del mal y haz el bien, y vivirás en la tierra para siempre. Pues el Señor ama la justicia y nunca abandonará a los justos. Los mantendrá a salvo para siempre, pero los hijos de los perversos morirán. Los justos poseerán la tierra y vivirán allí para siempre. Los justos ofrecen buenos consejos; enseñan a diferenciar entre lo bueno y lo malo. Han hecho suya la ley de Dios, por eso, nunca resbalarán de su camino. Los malvados esperan en emboscada a los justos, en busca de una excusa para matarlos. Pero el Señor no permitirá que los perversos tengan éxito ni que los justos sean condenados cuando los lleven a juicio. Pon tu esperanza en el Señor y marcha con paso firme por su camino. Él te honrará al darte la tierra y verás destruidos a los perversos. He visto a gente malvada y despiadada florecer como árboles en tierra fértil. Pero cuando volví a mirar, ¡habían desaparecido! ¡Aunque los busqué, no pude encontrarlos! Miren a los que son buenos y honestos, porque a los que aman la paz les espera un futuro maravilloso. Pero los rebeldes serán destruidos, para ellos no hay futuro. El Señor rescata a los justos; él es su fortaleza en tiempos de dificultad. El Señor los ayuda, los rescata de los malvados. Él salva a los justos, y ellos encuentran refugio en él.

— *Salmos 37*

Con paciencia esperé que el Señor me ayudara, y él se fijó en mí y oyó mi clamor. Me sacó del foso de desesperación, del lodo y del fango. Puso mis pies sobre suelo firme y a medida que yo caminaba, me estabilizó. Me dio un canto nuevo para entonar, un himno de alabanza a nuestro Dios. Muchos verán lo que él hizo y quedarán asombrados; pondrán su confianza en el Señor. Ah, qué alegría para los que confían en el Señor, los que no confían en los orgullosos ni en aquellos que rinden culto a ídolos. Oh Señor mi Dios, has realizado muchas maravillas a nuestro favor. Son tantos tus planes para nosotros que resulta imposible enumerarlos. No hay nadie como tú. Si tratara de mencionar todas tus obras maravillosas, no terminaría jamás.
— *Salmos 40:1-5*

Dios es nuestro refugio y nuestra fuerza; siempre está dispuesto a ayudar en tiempos de dificultad. Por lo tanto, no temeremos cuando vengan terremotos y las montañas se derrumben en el mar. ¡Que rujan los océanos y hagan espuma! ¡Que tiemblen las montañas mientras suben las aguas! Un río trae gozo a la ciudad de nuestro Dios, el hogar sagrado del Altísimo. Dios habita en esa ciudad; no puede ser destruida; en cuanto despunte el día, Dios la protegerá.
— *Salmos 46:1-5*

¡Quédense quietos y sepan que yo soy Dios! Toda nación me honrará. Seré honrado en el mundo entero. El Señor de los Ejércitos Celestiales está entre nosotros; el Dios de Israel es nuestra fortaleza.
— *Salmos 46:10-11*

Tu justicia, oh Dios, alcanza los cielos más altos; ¡has hecho cosas tan maravillosas! ¿Quién se compara contigo, oh Dios?
— *Salmos 71:19*

Los que viven al amparo del Altísimo encontrarán descanso a la sombra del Todopoderoso. Declaro lo siguiente acerca del Señor: Solo él es mi refugio, mi lugar seguro; él es mi Dios y en él confío.

Te rescatará de toda trampa y te protegerá de enfermedades mortales. Con sus plumas te cubrirá y con sus alas te dará refugio. Sus fieles promesas son tu armadura y tu protección. No tengas miedo de los terrores de la noche ni de la flecha que se lanza en el día. No temas a la enfermedad que acecha en la oscuridad, ni a la catástrofe que estalla al mediodía. Aunque caigan mil a tu lado, aunque mueran diez mil a tu alrededor, esos males no te tocarán. Simplemente abre tus ojos y mira cómo los perversos reciben su merecido. Si haces al Señor tu refugio y al Altísimo tu resguardo, ningún mal te conquistará; ninguna plaga se acercará a tu hogar. Pues él ordenará a sus ángeles que te protejan por donde vayas. Te sostendrán con sus manos para que ni siquiera te lastimes el pie con una piedra. Pisotearás leones y cobras; ¡aplastarás feroces leones y serpientes bajo tus pies! El Señor dice: "Rescataré a los que me aman; protegeré a los que confían en mi nombre. Cuando me llamen, yo les responderé; estaré con ellos en medio de las dificultades. Los rescataré y los honraré. Los recompensaré con una larga vida y les daré mi salvación."
— *Salmos 91*

Busquen al Señor y a su fuerza, búsquenlo continuamente.
— *Salmos 105:4*

Hazme oír cada mañana acerca de tu amor inagotable, porque en ti confío. Muéstrame por dónde debo andar, porque a ti me entrego.
— *Salmos 143:8*

Te he llamado desde los confines de la tierra, diciéndote: "Eres mi siervo". Pues te he escogido y no te desecharé. No tengas miedo, porque yo estoy contigo; no te desalientes, porque yo soy tu Dios. Te daré fuerzas y te ayudaré; te sostendré con mi mano derecha victoriosa. "¿Ves? Todos tus furiosos enemigos están allí tendidos, confundidos y humillados. Todo el que se te oponga morirá y quedará en la nada. Buscarás en vano a los que trataron de conquistarte. Los que te ataquen quedarán en la nada. Pues yo te sostengo de tu mano derecha; yo, el

Señor tu Dios. Y te digo: "No tengas miedo, aquí estoy para ayudarte. Aunque seas un humilde gusano, oh Jacob, no tengas miedo, pueblo de Israel, porque yo te ayudaré. Yo soy el Señor, tu Redentor. Yo soy el Santo de Israel". Serás un nuevo instrumento para trillar, con muchos dientes afilados. Despedazarás a tus enemigos, convirtiendo a los montes en paja. Los lanzarás al aire y el viento se los llevará; un remolino los esparcirá. Entonces te alegrarás en el Señor; te gloriarás en el Santo de Israel.
— *Isaías 41:9-16*

"No tengas miedo, porque he pagado tu rescate; te he llamado por tu nombre; eres mío. Cuando pases por aguas profundas, yo estaré contigo. Cuando pases por ríos de dificultad, no te ahogarás. Cuando pases por el fuego de la opresión, no te quemarás; las llamas no te consumirán. Pues yo soy el Señor, tu Dios, el Santo de Israel, tu Salvador... porque eres muy precioso para mí. Recibes honra, y yo te amo.
— *Isaías 43:1-4*

¡Que todo el mundo me busque para la salvación!, porque yo soy Dios; no hay otro.
— *Isaías 45:22*

"¡Oh Señor Soberano! Hiciste los cielos y la tierra con tu mano fuerte y tu brazo poderoso. ¡Nada es demasiado difícil para ti!
— *Jeremías 32:17*

Esto dice el Señor, el Señor que hizo la tierra, que la formó y la estableció, cuyo nombre es el Señor: pídeme y te daré a conocer secretos sorprendentes que no conoces acerca de lo que está por venir.
— *Jeremías 33:2-3*

Empapa tu vida en la realidad de Dios, la iniciativa de Dios, las provisiones de Dios... Encontrarás que todas tus preocupaciones humanas cotidianas se cumplirán.
— *Mateo 6:33*

Nada será imposible con Dios.
— *Lucas 1:37*

Sí, les dijo. Vi a Satanás caer del cielo como un rayo. Miren, les he dado autoridad sobre todos los poderes del enemigo; pueden caminar entre serpientes y escorpiones y aplastarlos. Nada les hará daño. Pero no se alegren de que los espíritus malignos los obedezcan; alégrense porque sus nombres están escritos en el cielo.
— *Lucas 10:18-20*

Podemos estar seguros de que cada detalle en nuestras vidas de amor por Dios se convertirá en algo bueno.
— *Romanos 8:28*

Absolutamente nada puede interponerse entre nosotros y el amor de Dios.
— *Romanos 8:39*

Alégrense por la esperanza segura que tenemos. Tengan paciencia en las dificultades y sigan orando.
— *Romanos 12:12*

Esto es aún más urgente, porque ustedes saben que es muy tarde; el tiempo se acaba. Despierten, porque nuestra salvación ahora está más cerca que cuando recién creímos. La noche ya casi llega a su fin; el día de la salvación amanecerá pronto. Por eso, dejen de lado sus actos oscuros como si se quitaran ropa sucia, y pónganse la armadura resplandeciente de la vida recta.
— *Romanos 13:11-12*

Le pido a Dios, fuente de esperanza, que los llene completamente de alegría y paz, porque confían en él. Entonces rebosarán de una esperanza segura mediante el poder del Espíritu Santo.
— *Romanos 15:13*

Pues vivimos por lo que creemos y no por lo que vemos.
— *2 Corintios 5:7*

Somos humanos, pero no luchamos como lo hacen los humanos. Usamos las armas poderosas de Dios, no las del mundo, para derribar las fortalezas del razonamiento humano y para destruir argumentos falsos. Destruimos todo obstáculo de arrogancia que impide que la gente conozca a Dios. Capturamos los pensamientos rebeldes y enseñamos a las personas a obedecer a Cristo.
— *2 Corintios 10:3-5*

Ahora Cristo está muy por encima de todo, sean gobernantes o autoridades o poderes o dominios o cualquier otra cosa, no solo en este mundo sino también en el mundo que vendrá.
— *Efesios 1:21*

Pónganse toda la armadura de Dios para poder mantenerse firmes contra todas las estrategias del diablo.
— *Efesios 6:11*

Pues no luchamos contra enemigos de carne y hueso, sino contra gobernadores malignos y autoridades del mundo invisible, contra fuerzas poderosas de este mundo tenebroso y contra espíritus malignos de los lugares celestiales.
— *Efesios 6:12*

Por lo tanto, pónganse todas las piezas de la armadura de Dios para poder resistir al enemigo en el tiempo del mal. Así, después de la batalla, todavía seguirán de pie, firmes.
— *Efesios 6:13*

Para que, ante el nombre de Jesús, se doble toda rodilla en el cielo y en la tierra y debajo de la tierra, y toda lengua declare que Jesucristo es el Señor para la gloria de Dios Padre.
— *Filipenses 2:10-11*

Así que humíllense delante de Dios. Resistan al diablo, y él huirá de ustedes. Acérquense a Dios, y Dios se acercará a ustedes. Lávense las manos, pecadores; purifiquen su corazón, porque su lealtad está dividida entre Dios y el mundo. Derramen lágrimas por lo que han hecho. Que haya lamento y profundo dolor. Que haya llanto en lugar de risa y tristeza en lugar de alegría. Humíllense delante del Señor, y él los levantará con honor.

— *Santiago 4:7-10*

Le pides ayuda a Dios y él te ayuda.

— *1 Pedro 1:17*

Así que humíllense ante el gran poder de Dios y, a su debido tiempo, él los levantará con honor. Pongan todas sus preocupaciones y ansiedades en las manos de Dios, porque él cuida de ustedes. ¡Estén alerta! Cuídense de su gran enemigo, el diablo, porque anda al acecho como un león rugiente, buscando a quién devorar. Manténganse firmes contra él y sean fuertes en su fe. Recuerden que su familia de creyentes en todo el mundo también está pasando por el mismo sufrimiento.

— *1 Pedro 5:6-9*

Entonces hubo guerra en el cielo. Miguel y sus ángeles lucharon contra el dragón y sus ángeles. El dragón perdió la batalla y él y sus ángeles fueron expulsados del cielo. Este gran dragón —la serpiente antigua llamada diablo o Satanás, el que engaña al mundo entero— fue lanzado a la tierra junto con todos sus ángeles.

— *Apocalipsis 12:7-9*

Irán juntos a la guerra contra el Cordero, pero el Cordero los derrotará porque él es el Señor de todos los señores y el Rey de todos los reyes. Y los que él ha llamado y elegido y le son fieles, estarán con él.

— *Apocalipsis 17:14*

Capítulo diez

PENSAMIENTOS

"Al diablo no lo asustan terriblemente nuestros títulos o esfuerzos humanos. Pero sabe que su reino se afectará cuando comencemos a levantar nuestros corazones hacia Dios".

— Jim Cymbala

Muy abajo construyen los que construyen bajo las estrellas.
— *Edward Young*

Esperar no es soñar … Es una expectativa segura y alerta de que Dios hará lo que dijo que hará.
— *Eugene H. Peterson*

Vivimos por fe, amamos por fe.
— *Beth Moore*

El discipulado cristiano es hacer un mapa de la fidelidad de Dios.
— *Eugene H. Peterson*

El comienzo de la angustia es el final de la fe, y el comienzo de la verdadera fe es el final de la angustia.
— *George Müller*

Creo que la desmoralización puede suceder cuando Satanás identifica a quién tememos más, en lugar de ver quiénes somos; y lo que tememos no poder hacer, así que se propone confirmarlo. ¿Puedo obtener un testimonio?
— *Beth Moore*

Nunca aprenderás de fe en un entorno cómodo. Dios nos da las promesas en una hora tranquila; sella nuestros pactos con grandiosas y bondadosas palabras, luego retrocede y espera a ver cuánto creemos; después deja que venga el tentador, y la prueba parece contradecir todo lo que ha dicho. Es entonces cuando la fe gana su corona. Ese es el momento de buscar en medio de la tormenta, y entre los temblorosos y asustados marineros que sollozan decir: "Creo en Dios y en que se hará, así como se me ha dicho".
— *Max Lucado*

Mientras no seamos quebrantados, nunca nos conmoverá aquello que rompe el corazón de Dios.
— *Erwin Lutzer*

Si Cristo no es lo primero para ti, entonces Cristo no es nada para ti.
— *Charles Spurgeon*

He aprendido a amar la oscuridad del dolor; allí es donde puedes ver el brillo de su rostro.
— *Madame Guyon*

Con todo mi corazón, creo que Dios siempre es bueno, siempre tiene la razón y me ama de una manera que no puedo comprender.
— *Beth Moore*

Las misericordias de Dios vienen día a día. Vienen cuando las necesitamos, no antes ni después. Dios nos da lo que necesitamos hoy. Si necesitáramos más, nos daría más. Cuando necesitemos otra cosa, también nos la dará. No dejará de darnos nada de lo que realmente necesitemos. Examina tus problemas y en ellos descubrirás bien escondidas las misericordias de Dios.
— *Dr. Ray Pritchard*

El cristiano instruido cuyas habilidades han sido desarrolladas por la Palabra y el Espíritu, no temerá al diablo. Cuando sea necesario, se opondrá a los poderes de las tinieblas y los vencerá con la sangre del Cordero y la palabra de su testimonio. Reconocerá el peligro en el que vive y sabrá qué hacer al respecto, pero practicará la presencia de Dios.
—*A.W. Tozer*

Temo más a las oraciones de John Knox que a un ejército de diez mil hombres.
— *Mary, Reina de Escocia*

Amar del todo es ser vulnerable. Ama cualquier cosa, y tu corazón seguramente se retorcerá y se romperá. Si quieres asegurarte de mantenerlo intacto, no entregues tu corazón a nadie, ni siquiera a un animal. Envuélvelo cuidadosamente con pasatiempos y pequeños lujos; evita todos los enredos; enciérralo en el ataúd o sarcófago de tu egoísmo. Pero en ese ataúd, seguro, oscuro, inmóvil, sin aire, cambiará. No se romperá; se volverá inquebrantable, impenetrable, irredimible.
— *C.S. Lewis*

Cuando Dios te da una visión y luego llega oscuridad, espera. Dios hará realidad la visión que tiene para ti, si esperas en sus tiempos. Nunca trates de ayudar a Dios a cumplir su palabra. Abraham pasó por trece años en silencio, pero en esos años toda su autosuficiencia fue destruida. Fue más allá de confiar en su propio sentido común. Esos años de silencio fueron tiempos de disciplina, no un período de desagrado de Dios. Nunca será necesario fingir que tu vida está llena de alegría y confianza; sólo espera en Dios y apóyate en Él *(lee Isaías 50:10-11).*
— *Oswald Chambers*

Querido, Dios no sólo quiere que nos defendamos en feroces temporadas de batalla. Él quiere que hiramos el reino de las tinieblas. Recuerdo a Keith y a mí viendo una de las primeras películas de Rocky. Estábamos mirando la pantalla mientras Apollo Creed golpeaba la pobre cara de Rocky sin recibir un solo golpe, cuando Keith se inclinó hacia mí y dijo: "Ese es el viejo truco, déjalos golpearte en la cara hasta que se cansen". Algunos de nosotros pensamos que si nos quedamos allí y dejamos que Satanás nos golpee el tiempo suficiente, se cansará. ¡Él no se va a cansar! ¡Devuélvele el golpe, por el amor de Dios!
— *Beth Moore*

Una fortaleza es una mentalidad impregnada de desesperanza que me hace aceptar algo inmutable que sabemos que es contrario a la voluntad de Dios.
— *Jim Logan*

Los retrasos no son rechazos, muchas oraciones han sido recibidas, y debajo tienen las palabras: "Aún no ha llegado mi hora". Dios tiene un tiempo establecido, así como un propósito establecido, y Aquel que ordena los límites de nuestra vivienda, también ordena el tiempo de nuestra liberación.
— *Desconocido*

A veces la vida te reparte un juego de cartas malo. ¿Entonces qué haces? Puedes enojarte con Dios, o puedes renunciar a Dios por completo. O puedes concluir que Dios no sabe lo que está haciendo. O que el universo se ha salido de control. O puedes elegir creer en Dios de todos modos. A menudo confundimos la fe y nuestros sentimientos. La fe no se trata de mis sentimientos, mucho menos de mis circunstancias.

La fe es una elección consciente que hago, una decisión de creer que momento a momento Dios está completamente involucrado en mi situación, independientemente de mis circunstancias actuales. La fe elige creer cuando sería más fácil dejar de creer.
— *Dr. Ray Pritchard, "Fuego y lluvia: La fe de corazón salvaje de Elijah"*

Como vivimos en un mundo cuyo dios es Satanás, la posibilidad de ser tentado, engañado y acusado es continua. Si permites que sus esquemas influyan en ti, puedes perder el control en la medida en que te hayan engañado. Si puede persuadirte para que creas una mentira, entonces podrá controlar tu vida.
— *Dr. Neil T. Anderson*

Dios sabe exactamente cuándo negarnos cualquier señal visible de aliento y cuándo otorgarnos dicha señal. ¡Qué bueno es que podamos confiar en Él de todos modos! Cuando no recibimos todas las evidencias visibles de que Él nos está recordando, es mejor; Él quiere que entendamos que Su palabra, Su promesa de recordarnos, es más sustancial y confiable que cualquier evidencia de nuestros sentidos. Cuando envía la evidencia visible también es bueno; lo apreciamos aún más después de haber confiado en Él sin ella. Quienes están más dispuestos a confiar en Dios sin otra evidencia que su palabra, siempre reciben la mayor cantidad de evidencias visibles de Su amor.
— *C. G. Trumbull*

Fuiste víctima de una terrible y horrenda tragedia. Pero si sólo te ves como una víctima de violación por el resto de tu vida, nunca serás libre. Eres un hijo de Dios. No puedes arreglar el pasado, pero puedes liberarte de él. Todos tenemos una serie de experiencias dolorosas y traumáticas en nuestro pasado que nos han marcado emocionalmente. Es posible que hayas crecido con un padre que abusaba física, emocional o sexualmente. Cualquier cantidad de eventos traumáticos y emocionales pueden confundir tu alma con una carga emocional que parece limitar tu madurez y bloquear tu libertad en Cristo. Debes renunciar a las experiencias y mentiras que te han controlado y perdonar a los que te han ofendido.
— *Dr. Neil T. Anderson*

"Si piensas en este mundo como un lugar destinado simplemente para nuestra felicidad, lo encontrarás bastante intolerable: piensa en él como un lugar de entrenamiento y corrección y no será tan malo". Nunca dejamos de aprender. Él sigue siendo el maestro. Las pruebas remueven el endeble tejido de la autosuficiencia y se convierten en la materia prima para los milagros de Dios en nuestras vidas. Y esos milagros son una gloria repentina. Alguien dijo una vez, "fe significa creer de antemano lo que solo tendrá sentido a la inversa". Oh, que confiemos en Él, aun en los giros y vueltas que nunca tienen sentido en este lado del cielo. De eso se trata confiar en Dios. A medida que vivimos, nos movemos y tenemos nuestro ser en Él, los lugares oscuros son simples oportunidades para confiar en que Él conoce el camino, y el tiempo perfecto para aferrarse.
— *C.S. Lewis*

Soy deudor de la gracia y la misericordia indulgente de Dios; pero no soy deudor de su justicia, porque Él nunca me acusará de una deuda ya pagada. Cristo dijo, "¡Consumado es!" y con eso quiso decir que todo lo que su pueblo adeudaba era borrado para siempre del libro de recuerdos.
— *Charles Spurgeon*

Conocí a un Dios que tiene debilidad por los rebeldes, que recluta a personas como el adúltero David, el llorón Jeremías, el traidor Pedro y el abusador de los derechos humanos Saulo de Tarso. He llegado a conocer a un Dios que hizo de los pródigos los héroes de sus historias y los trofeos de su ministerio.
— *Philip Yancey*

La forma bíblica de ver las cosas es poner al Señor siempre delante de nosotros, poner a Cristo en el centro de nuestra visión, y si Satanás está al acecho, aparecerá solo en el margen y será visto como una sombra al margen de la luz. Siempre es incorrecto hacer esto: poner a Satanás en el centro de nuestra visión y empujar a Dios al margen. De tal perspectiva sólo pueden surgir tragedias. La mejor manera de mantener al enemigo afuera es mantener a Cristo adentro. Las ovejas no necesitan ser aterrorizadas por el lobo; sólo deben permanecer cerca

del pastor. Satanás no teme a la oveja que ora, sino a la presencia del pastor. El cristiano instruido cuyas facultades han sido desarrolladas por la Palabra y el Espíritu no temerá al diablo. Cuando sea necesario, se opondrá a los poderes de las tinieblas y los vencerá con la sangre del Cordero y la palabra de su testimonio. Reconocerá el peligro en el que vive y sabrá qué hacer al respecto, pero practicará la presencia de Dios y nunca se permitirá ser consciente del diablo.
—*A.W. Tozer*

Frodo: No puedo hacer esto, Sam.

Sam: Lo sé. Todo está mal. Por derecho, ni siquiera deberíamos estar aquí. Pero aquí estamos. Es como en las grandes historias, señor Frodo. Esas que realmente importaban. Las que estaban llenas de oscuridad y peligro Y a veces no querías saber el final. Porque, ¿cómo podría ser el final feliz? ¿Cómo podría el mundo volver a ser como era antes, cuando tantas cosas malas han pasado? Pero al final, esta sombra es solo algo pasajero. Incluso la oscuridad debe pasar. Un nuevo día vendrá. Y cuando el sol brille, resplandecerá más claro. Esas fueron las historias que se quedaron contigo. Eso significaba algo, incluso si eras demasiado pequeño para entender por qué. Pero creo que entiendo señor Frodo. Lo sé ahora. La gente de esas historias tenían muchas posibilidades de volver atrás, pero no lo hicieron. Siguieron adelante Porque se estaban aferrando a algo.

Frodo: ¿A qué nos aferramos, Sam?

Sam: Que hay algo bueno en este mundo, Sr. Frodo... y vale la pena luchar por eso.
— *J.R.R. Tolkien, Las Dos Torres*

"Descansa quietamente en las manos de Dios y no conozcas otra voluntad más que la suya".

Oh hijo del sufrimiento, sé paciente; Dios no te ha pasado por alto en su providencia. El que alimenta los gorriones, también te proporcionará lo que necesitas. No entres en desesperación, espera, espera siempre. Levanta las armas de la fe contra un mar de problemas, y aún tu

oposición pondrá fin a tus angustias. Hay alguien que se preocupa por ti. Su ojo está fijo en ti, su corazón late con lástima por tu aflicción, y aún su mano omnipotente te traerá la ayuda necesaria. La nube más oscura se dispersará en lluvias de misericordia. La oscuridad más sombría dará lugar a la mañana. Si eres parte de Su familia, Él curará tus heridas y sanará tu corazón roto. No dudes de su gracia ante tu aflicción, sino cree en que Él te ama igual en épocas de angustia como en tiempos de felicidad. ¡Qué vida tan serena y tranquila podrías llevar si dejaras la provisión en manos del Dios de la providencia! Con un poco de aceite en la vasija y un puñado de comida en el barril, Elías sobrevivió a la hambruna y tú harás lo mismo. Si Dios se preocupa por ti, ¿por qué necesitas preocuparte tú también? ¿Puedes creer en Él con tu alma y no con tu cuerpo? Él nunca se ha negado a llevar tus cargas, nunca se ha desvanecido bajo su peso. ¡Ven, entonces, alma! Hazlo con cuidado y deja todas tus preocupaciones en manos de un Dios amable.
— *Charles Spurgeon*

Satanás busca deshonrarnos, acusarnos y condenarnos. Todos los días debemos poner nuestros rostros como pedernal en el rostro de Cristo y seguirlo paso a paso hacia la victoria. Sí, tú y yo todavía nos desviaremos de vez en cuando del camino, sin importar que tan obedientemente deseemos caminar. Somos peregrinos con pies de barro. Pero no importa cuánto tiempo haya sido el desvío, el regreso está a solo un atajo de distancia, porque Su luz siempre nos llevará de vuelta al camino.
— *Beth Moore*

Supongamos que los tres niños hebreos hubieran perdido la fe y el valor, y se hubieran quejado, diciendo: "¡Por qué Dios no impidió que nos lanzaran horno!" Habrían sido calcinados, y Dios no habría sido glorificado. Si hay una gran prueba en tu vida, no la consideres una derrota, sino sigue adelante, por fe, para alcanzar la victoria a través de aquel que puede hacerte más que vencedor, y pronto se hará evidente una victoria gloriosa. Aprendamos que en todos los lugares difíciles a donde Dios nos lleva, nos está brindando la oportunidad de ejercer esa fe en Él que traerá resultados bendecidos y glorificará enormemente Su nombre.
— *Vida de alabanza*

¿Crees esto? *(Juan 11:26)* Martha creía en el poder disponible de Jesucristo; creía que si Él hubiese estado presente habría podido sanar a su hermano; también creía que Jesús tenía una intimidad especial con Dios, y que cualquier cosa que le pidiera a Dios, Dios lo haría. Pero necesitaba una intimidad personal más cercana con Jesús. La teología de Martha se iba a cumplir en el futuro. Pero Jesús continuó atrayéndola y cautivándola hasta que aquello que creía se convirtió en una posesión íntima. Luego, lentamente, emergió hacia una herencia personal: "Sí, Señor, dijo ella. Siempre he creído que tú eres el Mesías, el Hijo de Dios, el que ha venido de Dios al mundo..." *(Juan 11:27)*. ¿El Señor está tratando contigo de la misma manera? ¿Jesús te está enseñando a tener una intimidad personal consigo mismo? Permítele que su pregunta dé en el blanco: "¿Crees esto?" ¿Estás enfrentando un área de duda en tu vida? ¿Has llegado, como Martha, a una encrucijada de circunstancias abrumadoras donde tu teología está a punto de convertirse en una creencia muy personal? Esto ocurre sólo cuando un problema personal trae la conciencia de nuestra necesidad personal. Creer es comprometerse. En el área del aprendizaje intelectual, me comprometo mentalmente y rechazo todo lo que no esté relacionado con esa creencia. A nivel de creencia personal, me comprometo moralmente con mis convicciones y me niego a exponerme. Pero en una creencia personal íntima, me comprometo espiritualmente con Jesucristo y tomo la determinación de ser dominado solo por Él. Entonces, cuando estoy cara a cara con Jesucristo y Él me dice: "¿Crees en esto?" Encuentro que la fe es tan natural como respirar. Y me asombro cuando pienso lo tonto que he sido por no creer en Él antes.
— *Oswald Chambers*

El mal nunca se rinde sin una pelea dolorosa. Nunca pasamos a ninguna herencia espiritual mediante los deliciosos ejercicios de un picnic, sino que siempre es a través de las sombrías contiendas del campo de batalla. Así es en el reino secreto del alma. Cada persona que gana su libertad espiritual lo hace a precio de sangre. Apolión no se da a la huida ante una amable petición, sino que se extiende a lo largo de todo el camino, y nuestro avance debe registrarse con sangre y lágrimas. Esto debemos recordarlo o añadiremos a todas las otras cargas de la vida, la amargura de la mala interpretación. No hemos "nacido de nuevo" en guarderías

tranquilas y protegidas, sino en el campo abierto donde absorbemos la fuerza del terror de la tempestad. "A través de muchas penas debemos entrar en el reino de Dios".
— *Dr. J. H. Jowett*

2 Reyes 6:9
El hierro sí flotó.

La cabeza del hacha parecía irremediablemente perdida, y como era prestada, el honor del grupo de profetas probablemente estaría en peligro, por lo que el nombre de su Dios se vería comprometido. Contrario a toda expectativa, se hizo que el hierro brotara a la superficie desde la profundidad de la corriente; porque las cosas imposibles para el hombre son posibles con Dios. Conocí a un hombre de Cristo, que hace unos años fue llamado a emprender una labor que excedía su fuerza. Parecía tan difícil como para involucrarse absurdamente en la simple idea de intentarlo. Sin embargo, fue llamado a hacerlo, y su fe aumentó con las circunstancias; Dios honró su fe, fue enviado en busca de ayuda, y el hierro flotó. Otro miembro de la familia del Señor estaba en graves dificultades financieras, podría cumplir con todos sus compromisos y mucho más si lograba vender parte de sus bienes, pero se sitió abrumado por una presión repentina; buscó amigos en vano, pero la fe lo condujo al infalible Ayudante, y he aquí, el problema se evitó, sus pasos se ampliaron y el hierro flotó. Un tercero debía tratar con un triste caso de inmoralidad. Había enseñado, reprendido, advertido, invitado e intercedido, pero todo había sido en vano. El viejo Adán era demasiado fuerte para el joven Melancthon, el terco espíritu no cedía. Luego vino una agonía de oración, y en poco tiempo recibió una bendita respuesta del cielo. El corazón duro estaba roto, el hierro flotó. Amado lector, ¿cuál es tu caso desesperado? ¿Cuál es la carga más pesada que llevas esta noche? Tráela. El Dios de los profetas vive y vive para ayudar a sus santos. No te hará falta nada bueno. ¡Cree en el Señor de los ejércitos! Acércate a Él rogando en el nombre de Jesús, y el hierro flotará; tú también verás el dedo de Dios obrando maravillas por su pueblo. Hágase conforme a tu fe, y una vez más el hierro flotará.
— *Charles Spurgeon*

1 Reyes 12:24
Esto es de mi parte.

"Las decepciones de la vida son citas veladas de amor". — Rev. C. A. Fox

Hijo mío, hoy tengo un mensaje para ti; déjame susurrarte al oído, para que pueda cubrir con gloria cualquier nube de tormenta que pueda surgir, y suavizar los lugares ásperos sobre los que tendrás que pisar. Es corto, de pocas palabras, pero deja que penetre en lo más profundo de tu alma; úsalo como una almohada sobre la cual descansar tu cabeza cansada. *Esto es de mi parte.* ¿Alguna vez has pensado que todo lo que te preocupa, me preocupa a mí también? Porque, "cualquiera que te dañe, daña a mi más preciada posesión" *(Zacarías 2:8)*. Eres muy preciado a mis ojos *(Isaías 43:4)*. Por lo tanto, es un placer especial educarte. Cuando las tentaciones te asalten, y el "enemigo venga como inundación", quiero que aprendas que *esto es de mi parte*, que tu debilidad necesita mi poder y tu seguridad radica en dejarme luchar por ti. ¿Estás en circunstancias difíciles, rodeado de personas que no te entienden, que nunca preguntan qué te gusta, que te ponen en un segundo plano? *Esto es de mi parte.* Soy el Dios de las circunstancias. No has venido a este lugar por accidente, es el lugar que Dios quiso para ti. ¿No has pedido hacerte humilde? Mira entonces, te he puesto en la misma escuela donde se enseña esta lección; sus alrededores y compañeros solo están obrando mi voluntad. ¿Estás en dificultades monetarias? ¿Es difícil llegar a fin de mes? Esto viene de mí, porque Yo soy el que lleva tus cuentas, y haré que dependas de mí. Mis suministros son ilimitados *(Filipenses 4:19)*.

Quisiera que probaras mis promesas. Que no se diga de ti: "se negaron a confiar en el Señor su Dios" *(Deuteronomio 1:32)*. ¿Estás pasando por una noche de tristeza? *Esto es de mi parte.* Soy el Varón de dolores, experimentado en quebrantos. He dejado que los consoladores terrenales te fallen, para que al volverte a Mí puedas obtener consuelo eterno *(2 Tesalonicenses 2:16-17)*. ¿Has deseado hacer un gran trabajo para mí y a cambio te han dejado de lado en un lecho de dolor y debilidad? *Esto es de mi parte.* No pude llamar tu atención en tus días ocupados y quiero enseñarte algunas de mis lecciones más profundas.

"También sirven para los que sólo se paran y esperan". Algunos de mis mejores trabajadores son los excluidos del servicio activo, para que puedan aprender a empuñar la mejor arma de todas, la oración. Hoy pongo en tu mano este frasco de aceite sagrado. Úsalo gratis, hijo mío Deja que cada circunstancia que surja, cada palabra que te duela, cada interrupción que te impaciente, cada revelación de tu debilidad sea ungida con él. El aguijón desaparecerá cuando aprendas a verme en todas las cosas.
— *Laura A. Barter Snow*

Hebreos 12:2
Mirando a Jesús.

Siempre es obra del Espíritu Santo apartar nuestros ojos de nosotros mismos y dirigirlos hacia Jesús; pero el trabajo de Satanás es justo lo contrario, ya que constantemente está tratando de hacer que nos miremos a nosotros mismos en lugar de mirar a Cristo. Él insinúa: "Tus pecados son demasiado grandes como para perdonarlos; no tienes fe; no te arrepientes lo suficiente; nunca podrás continuar hasta el final; no tienes el gozo de sus hijos; no te has aferrado bien a Jesús". Todos estos son pensamientos entorno a nosotros mismos, y nunca encontraremos consuelo o seguridad al mirar hacia adentro. Pero el Espíritu Santo aparta nuestros ojos de nosotros, nos dice que no somos nada, pero que "Cristo es todo en todos". Recuerda, por lo tanto, no es tu apego a Cristo lo que te salva, es Cristo; no es tu gozo en Cristo lo que te salva, es Cristo; ni siquiera es la fe en Cristo, aunque ese sea el instrumento, es la sangre y los méritos de Cristo; por lo tanto, no mires tanto a tu mano con la que estás agarrando a Cristo, sino a Cristo; no mires a tu esperanza, sino a Jesús, la fuente de tu esperanza; no mires tu fe, sino a Jesús, el autor y consumador de tu fe. Nunca encontraremos felicidad mirando nuestras oraciones, nuestras acciones o nuestros sentimientos; Jesús es lo que es, no lo que somos, lo que da descanso al alma. Si hemos de vencer de inmediato a Satanás y tener paz con Dios, será "buscando a Jesús". Mantén tus ojos simplemente en Él; deja que su muerte, sus sufrimientos, sus méritos, sus glorias, su intercesión, estén frescos en tu mente; cuando te despiertes por la mañana, míralo; cuando te acuestes de noche, míralo. ¡Oh! no dejes que tus esperanzas

o temores se interpongan entre ti y Jesús; síguelo arduamente y nunca te fallará.
— *Charles Spurgeon*

Cantares 1:7
Hazme saber, oh Tú a Quien ama mi alma, Dónde apacientas, dónde sesteas al mediodía.

Estas palabras expresan el deseo del creyente que busca a Cristo, y su anhelo por la presente comunión con Él. ¿Dónde alimentas a Tu rebaño? ¿En Tu casa? Iré, si puedo encontrarte allí. ¿En oración privada? Entonces oraré sin cesar. ¿En la Palabra? Entonces la leeré diligentemente. ¿En Tus ordenanzas? Entonces caminaré en ellas con todo mi corazón. Dime dónde apacientas, porque donde sea que Te encuentres como el Pastor, allí me acostaré como oveja; porque nadie más que Tú mismo puede suplir mi necesidad. No puedo estar satisfecho si estoy separado de Ti. Mi alma tiene hambre y sed del refrigerio de Tu presencia. ¿Dónde haces descansar a Tu rebaño al mediodía? ya sea al amanecer o al mediodía, mi único descanso debe ser donde estés Tú y Tu amado rebaño. El descanso de mi alma debe ser un descanso otorgado por la gracia, y solo se puede encontrar en Ti. ¿Dónde está la sombra de esa roca? ¿Por qué no debería reposar debajo de esa sombra? "¿Por qué debería ser como ese que se aparta por los rebaños de sus compañeros?" Tienes compañeros, ¿por qué no soy uno de ellos? Satanás me dice que no soy digno; pero siempre fui indigno, y, sin embargo, siempre me has amado; por lo tanto, mi indignidad no puede ser un obstáculo para tener comunión contigo ahora. Es cierto que soy débil en la fe y propenso a caer, pero mi debilidad es la razón por la que siempre debería estar donde apacientas a Tu rebaño, para que pueda ser fortalecido y conservado en seguridad junto a las aguas tranquilas. ¿Por qué debería apartarme? No hay razón para hacerlo, pero hay mil razones para no hacerlo, puesto que Jesús me invita a venir. Si se retira un poco, es para hacerme valorar más Su presencia. Ahora que estoy afligido y angustiado por estar lejos de Él, Él me llevará una vez más a ese rincón protegido donde los corderos de Su rebaño se resguardan del sol ardiente.
— *Charles Spurgeon*

Josué 1:2
La tierra que les doy, hijos de Israel.

Creer antes de ver: Dios aquí habla en el presente inmediato. No es algo que Él va a hacer, sino que hace, en este momento. Así que la fe siempre habla. Dios siempre da. Él se reunirá contigo hoy, en el momento presente. Esta es la prueba de fe. Mientras estés esperando algo, esperándolo, buscándolo, no estás creyendo. Puede ser esperanza, puede ser un deseo sincero, pero no es fe; porque "la fe es la sustancia de las cosas que se esperan, la evidencia de las cosas que no se ven". El mandamiento respecto a la oración que cree es el tiempo presente. "Cuando ores, cree en que recibirás las cosas que deseas, y las tendrás". ¿Hemos llegado a ese momento? ¿Hemos conocido a Dios en su eterno AHORA?
— *Tomado de "Cristo en el libro de Josué" por A.B. Simpson*

La verdadera fe cuenta con Dios y cree antes de ver. Naturalmente queremos algunas pruebas de que nuestra petición será respondida antes de creer; pero cuando caminamos por fe no necesitamos mayor evidencia que la palabra de Dios. Él ha hablado, y según nuestra fe se nos hará. Veremos porque hemos creído, y esta fe nos sostiene en los lugares más difíciles, cuando todo a nuestro alrededor parece contradecir la palabra de Dios. El salmista dice: "Sin embargo, yo confío en que veré la bondad del Señor mientras estoy aquí, en la tierra de los vivientes" (*Salmos 27:13*). Él todavía no veía la respuesta del Señor a sus oraciones, pero creía ver; y esto evitó que desmayara. Si tenemos la fe que cree para ver, eso evitará que nos desanimemos. Nos "reiremos de las imposibilidades", observaremos con deleite cómo Dios abre camino a través del Mar Rojo cuando no haya salida humana para nuestra dificultad. Es justo en esos lugares de pruebas severas que nuestra fe crece y se fortalece. ¿Has estado esperando a Dios durante las largas noches y días cansados, y has temido que te haya olvidado? No, levanta la cabeza y comienza a alabarlo incluso ahora mismo por la liberación que viene en camino.
— *Vida de alabanza*

Llegamos a ser santos al momento de la salvación y vivimos como santos en nuestra experiencia diaria mientras continuamos creyendo lo que Dios ha hecho y mientras continuamos afirmando quiénes somos realmente en Cristo. Si fallas al no verte a ti mismo como un hijo de Dios, lucharás en vano para vivir como tal, y para Satanás no será difícil convencerte de que no eres diferente de lo que eras antes de Cristo y que no tienes valor para Dios ni para nadie más. Pero apropiarte por fe de la transformación radical de tu identidad central de pecador a santo, tendrá un efecto poderoso y positivo en tu resistencia diaria contra el pecado y a Satanás.
— *Dr. Neil T. Anderson*

Salmos 43:5
¿Por qué estás abatida, alma mía?

¿Hay alguna razón para ser derribado? Hay dos razones, y solo dos. Si todavía no hemos sido convertidos, tenemos terreno para ser derribados; o si hemos sido convertidos, pero vivimos en pecado, entonces merecidamente seremos abatidos. A excepción de estas dos cosas, no hay más terreno para ser derribado, ya que todo lo demás puede ser llevado ante Dios en oración con súplica y agradecimiento. Y con respecto a todas nuestras necesidades, todas nuestras dificultades, todas nuestras pruebas, podemos ejercer fe en el poder de Dios y en el amor de Dios. "Espera en Dios". Oh, recuerda esto: Nunca hay un momento en que no podamos esperar en Dios. Cualquiera sea nuestra necesidad, sin importar cuán grandes sean nuestras dificultades, y aunque parezca que cualquier ayuda es imposible, aun así, nuestra labor es esperar en Dios, y será claro que no habrá sido en vano. En el tiempo del Señor vendrá la ayuda. ¡Oh, los cientos, sí, los miles de veces que lo he visto en los últimos setenta años y cuatro meses! Cuando parecía imposible que pudiera venir ayuda, vino la ayuda; porque Dios tiene sus propios recursos. Él no está limitado. En diez mil maneras diferentes, y en diez mil momentos distintos, Dios puede ayudarnos. A nosotros nos corresponde comunicar nuestra causa al Señor, con la sencillez de un niño, derramar todo nuestro corazón ante Dios, diciendo: "No merezco que me escuches y respondas mis peticiones, pero por mi precioso Señor Jesús, por Él, contesta mi oración y dame

gracia en silencio para esperar hasta que te plazca contestar mi oración. Porque creo que lo harás en tu tiempo y a tu manera". "Porque aún he de alabarle". Más oración, más ejercicio de fe, más espera paciente, y el resultado será bendición, abundante bendición. Así lo he encontrado cientos de veces, y por eso me digo continuamente, "espera en Dios".
— George Müller

Lucas 1:38
Soy la sierva del Señor. Que se cumpla todo lo que has dicho acerca de mí.

Nada es imposible para Dios, si Dios quiere que se haga algo, ¿se puede hacer? En otras palabras, si Dios tiene una meta para tu vida, ¿podrá ser obstruida o su cumplimiento podrá ser incierto o imposible? Estoy convencido de que ninguna meta que Dios tenga para mi vida es imposible o incierta, ni puede ser bloqueada. Imagina a Dios diciendo: "Te he llamado a la existencia, te he hecho mi hijo, y tengo algo que debes hacer. Sé que no podrás hacerlo, pero da lo mejor de ti". ¡Eso es ridículo! Es como decirle a tu hijo: "Quiero que cortes el césped. Desafortunadamente, el césped está lleno de rocas, el cortacésped no funciona y no hay combustible. Pero haz tu mejor intento". Incluso los eruditos seculares dicen que emitir una orden que no se puede obedecer, socava la autoridad. Dios tenía una meta asombrosa para una pequeña doncella llamada María. Un ángel le dijo que tendría un hijo siendo aún virgen, y que su hijo sería el Salvador del mundo. Cuando ella preguntó acerca de esta hazaña aparentemente imposible, el ángel simplemente dijo, "Pues la palabra de Dios nunca dejará de cumplirse" *(Lucas 1:37)*. Tú no le darías a tu hijo una tarea que no pueda completar, y Dios no te asigna metas que no puedas lograr. Sus metas para ti son posibles, ciertas y alcanzables. Cuando la voluntad de Dios parezca imposible para nosotros, digamos con María: "Soy la sierva del Señor. Que se cumpla todo lo que has dicho acerca de mí" *(Lucas 1:38)*. Imagina la abrumadora tarea que enfrentó María. Iba a tener un bebé sin haber estado con un hombre. Iba a criar al niño que salvaría al mundo. Se alteraría todo el curso de la historia y el destino eterno de los creyentes cambiaría. El hecho de que hoy estés celebrando la Navidad es una prueba de que Jesús el hijo de María fue en efecto el Hijo de Dios

que cambió al mundo. A pesar de la naturaleza asombrosa de la tarea anunciada por el ángel, María se entregó para cumplir la voluntad de Dios. Dios todavía está buscando algunos siervos que se atrevan a creer que nada es imposible con Dios. Oración: Señor, me rindo a Ti como Tu siervo. Elijo creer que puedo hacer todo lo que quieres que haga.
— *Dr. Neil T. Anderson*

Salmos 27:14
"Espera en el Señor".

Puede parecer fácil esperar, pero es una de las posturas que un soldado cristiano aprende sólo con años de enseñanza. Marchar y marchar rápidamente es mucho más fácil para los guerreros de Dios que quedarse quieto. Hay momentos de perplejidad cuando el espíritu más dispuesto, ansioso y deseoso por servir al Señor, no sabe qué parte tomar. Entonces, ¿qué hará? ¿Se vejará a si mismo por la desesperación? ¿Huirá en cobardía, girará a la derecha con miedo, o se precipitará en presunción? No, simplemente esperará. Sin embargo, esperará en oración. Invoca a Dios y presenta tu causa ante él; cuéntale tu dificultad y suplica su promesa de ayuda. En el dilema entre un deber y otro, es dulce ser humilde como un niño y esperar con sencillez de alma en el Señor. Sin duda, para nosotros está bien sentirnos y conocer nuestra propia locura, y estamos más que dispuestos a ser guiados por la voluntad de Dios. Pero espera con fe. Expresa tu asombrosa confianza en Él; porque la espera infiel y desconfiada no es más que un insulto al Señor. Cree en que, si te hace esperar incluso hasta la medianoche, aun así, llegará en el momento adecuado; la visión vendrá y no tardará. Espera con paciencia tranquila, no rebelándote por estar bajo aflicción, sino bendiciendo a tu Dios por ello. Nunca murmures como lo hicieron los hijos de Israel contra Moisés; nunca desees poder volver al mundo, sino que acepta las cosas tal como son, y míralas tal y como son, con sencillez y con todo tu corazón, sin intervención de tu voluntad, y ponlas en la mano de tu Dios de pactos, diciendo: "Ahora, Señor, no mi voluntad, sino la tuya. No sé qué hacer; estoy siendo llevado a extremos, pero esperaré hasta que resuelvas las inundaciones o retires a mis enemigos. Esperaré, así sea por muchos días, porque mi corazón está fijo solo en ti, oh Dios, y mi espíritu te espera con la

plena convicción de que serás mi alegría y mi salvación, mi refugio y mi torre fuerte".
— *Charles Spurgeon*

1 Pedro 5:7
Pon todas tus angustias sobre Él porque Él tiene cuidado de ti.

Supongamos que has buscado la voluntad de Dios para un determinado rumbo, y crees que Él te ha llevado a hacer planes específicos. El problema es que todavía te preocupa si tus planes se desarrollarán como has esperado. Cuando enfrento tales situaciones, trato de seguir los seis pasos descritos a continuación para poner límite a mis sentimientos de preocupación. *Primero:* define el problema. Un problema bien planteado está resuelto hasta la mitad. Cuando estamos ansiosos, nos es difícil ver el bosque por causa de los árboles. Pon el problema en perspectiva. ¿Importará para la eternidad? El peligro en esta encrucijada es buscar consejo impío. El mundo está lleno de magos y hechiceros que prometen resultados increíbles. Su apariencia puede ser llamativa. Su personalidad puede ser encantadora. Pero tienen corrompido su carácter. Evítalos *(Salmos 1:1)*. *Segundo:* separa los hechos de las suposiciones. Como no sabemos lo que sucederá mañana, hacemos suposiciones y generalmente asumimos lo peor. Si aceptamos como verdad las suposiciones, eso llevará nuestra mente a los límites de la ansiedad. Por lo tanto, separa las suposiciones de la realidad. *Tercero:* determina sobre qué tienes derecho o qué puedes controlar. Tú eres responsable de lo que puedes controlar, y no eres responsable de lo que no puedas controlar. No trates de echar tu responsabilidad sobre Cristo; Él te la va a devolver. *Cuarto:* enumera todo lo que puedas hacer que esté relacionado con la situación que está bajo tu responsabilidad. Cuando las personas no asumen su responsabilidad, recurren a curas temporales para su angustia, como comer, televisión, sexo o drogas. *Quinto:* una vez tengas certeza de haber cumplido con tu responsabilidad, mira si hay alguna manera de ayudar a otros. Alejar tu atención de tu ensimismamiento y ayudar a quienes te rodean no solo es un acto de amor, sino que también te da una paz interior especial. *Sexto:* el resto es responsabilidad de Dios, excepto tu oración, según Filipenses 4:6-8. Así que asume tu responsabilidad, pero pon

tu ansiedad sobre Cristo. Oración: Señor, ayúdame a reconocer la diferencia entre las responsabilidades y angustias de hoy, luego ponlas en sus respectivos lugares.
— *Dr. Neil T. Anderson*

Isaías 49:16
He aquí, que en las palmas de las manos te tengo esculpida.

Sin duda, parte de la maravilla que se concentra en la expresión "he aquí" está impulsada por el lamento incrédulo de la oración anterior. Sion dijo: "El Señor me ha abandonado, y mi Dios me ha olvidado". ¡Cuán asombrada parece estar la mente divina ante esta malvada incredulidad! ¿Qué puede ser más asombroso que las dudas y los temores infundados del pueblo elegido de Dios? La palabra amorosa de reprimenda del Señor debería hacernos sonrojar; Él clama: "¿Cómo podría haberte olvidado, cuando te tengo grabado en las palmas de mis manos? ¿Cómo te atreves a dudar de mi recuerdo constante, cuando el memorial se encuentra en mí misma carne? ¡Oh incredulidad, qué extraña maravilla eres! No sabemos cuál es la razón más sorprendente, la fidelidad de Dios o la incredulidad de su pueblo. Él cumple Su promesa mil veces, sin embargo, la siguiente prueba nos hace dudar de Él. Él nunca falla; nunca es un pozo seco; nunca es un sol poniente, un meteorito que pasa o un vapor que se derrite; y, sin embargo, estamos continuamente molestos por las angustias, por las sospechas, perturbados por los miedos, como si nuestro Dios fuese el espejismo del desierto. "He aquí" es una expresión destinada a despertar admiración. Aquí, de hecho, tenemos un tema para maravillarnos. El cielo y la tierra pueden estar asombrados de que los rebeldes obtengan una cercanía tan grande al corazón del amor infinito como para estar escritos en las palmas de sus manos. "Te tengo esculpida". No dice: "Tu nombre". El nombre está ahí, pero eso no es todo: "Te tengo esculpida". ¡Mira la plenitud de esto! He esculpido tu persona, tu imagen, tu causa, tus circunstancias, tus pecados, tus tentaciones, tus debilidades, tus deseos, tus obras; te he esculpido, todo sobre ti, todo lo que te concierne; Te he puesto por completo allí. ¿Volverás a decir que tu Dios te ha abandonado cuando te ha esculpido en sus propias palmas?
— *Charles Spurgeon*

Marcos 15:34
Luego, a las tres de la tarde, Jesús clamó con voz fuerte: "Eloi, Eloi, ¿lema sabactani?", que significa "Dios mío, Dios mío, ¿por qué me has abandonado?"

Lo siguiente proviene de un pastor chino de una iglesia en casa que había sido arrestado y retenido durante tres semanas. Él dice que su experiencia fue "ir con Cristo al jardín y a la cruz".

Pero no todo es triunfo. Algunos pastores me han dicho que en sus casos sonrieron todo el tiempo desde el momento en que fueron arrestados, y sintieron un gozo indescriptible en todo momento. Supongo que eso es posible. Después de todo, Sadrac, Mesac y Abed-nego parecían estar muy tranquilos durante su terrible experiencia. Pero no debemos hacer de eso la prueba de la verdadera espiritualidad. Los salmistas estaban llenos de desesperación y preguntas mientras pasaban tiempos difíciles. También Jeremías, Job y Habacuc. Y lo más grave de todo, nuestro Señor mismo fue escuchado gritar desde la cruz, "Dios mío, Dios mío, ¿por qué me has abandonado?" *(Marcos 15:34)* Este es el lado oscuro de la experiencia. Las preguntas hacen que el sufrimiento sea más difícil de soportar, aquellas voces que surgen dentro de cada uno de nosotros, llenas de dudas, desesperación y depresión. Y eso está bien. Como humanos no fuimos diseñados para sufrir. Fuimos creados para ser parte de un mundo perfecto, sin tristeza ni suspiros, un Edén donde todos eran justos y estaban realizados. Entonces cuando sufrimos, hay un sentir en el que nuestros cuerpos y espíritus testigos dicen: "Esto no es natural, no fuimos creados para eso". En mi propio caso, me preguntaba si Dios me había dado la espalda o si me estaba castigando por pecados pasados. Pero la mayoría de estas dudas no eran debilidades como tales; fueron intentos de comprender lo incomprensible. ¿Dónde está Dios aquí? ¿Qué está haciendo? ¿Cómo puede esto extender su reino? ¿Cómo se sirve su gloria cuando una de mis hermanas es violada por un interrogador? El hecho es que, cuando sufrimos, hay tanto que no podemos entender. Leí en alguna parte que "por nuestra humanidad, anhelamos entender, pero como somos humanos, no podemos entender". El sufrimiento nos pone en nuestro lugar. Nos hace humildes el darnos cuenta de que no estamos realmente a cargo de nuestras vidas. Esta es una dura realidad. Dios

está a cargo, y a veces sus propósitos pueden ser difíciles de discernir. Él incluso toma los pecados del mundo y lo convierte en algo bueno. A menudo no vemos cómo lo hace, pero lo creemos. Aceptarlo con fe nunca es fácil cuando estás sufriendo.
— *Rev. Paul Estabrooks*

Colosenses 2:6
Así pues, de la manera que recibieron a Cristo Jesús como Señor, ahora deben seguir sus pasos.

Hay tres formas de responder a las burlas demoníacas y los dardos que te lanzan durante tu caminar diario con Cristo, y dos de estas formas son equivocadas. Primero, las personas más derrotadas son las que retienen los pensamientos demoníacos y los creen. Un pensamiento sutil se dispara en tu mente: "No oras, no lees tu Biblia, no testificas como deberías. ¿Cómo podría amarte Dios?" Esa es una mentira descarada porque el amor de Dios es incondicional. Pero comienzas a pensar en tus fracasos y aceptas que probablemente no eres muy agradable a Dios. En poco tiempo te ves sentado en medio de la calle sin ir a ninguna parte. Estos cristianos están totalmente derrotados sólo porque han sido engañados, y creen que Dios no los ama, o que nunca serán cristianos victoriosos, o que son víctimas indefensas del pasado. Nada impide que se levanten de inmediato y comiencen a caminar de nuevo, pero han creído una mentira y la mentira controla sus vidas. La segunda respuesta es igual de improductiva. Intentas discutir con los demonios: "No soy abominable ni estúpido. Soy un cristiano victorioso". Estás orgulloso de no creer lo que dicen, pero siguen controlándote y logran sus objetivos. Te quedas en medio de la calle gritándoles, en lugar de marchar hacia adelante. No debemos creer a los espíritus malignos, ni debemos dialogar con ellos. Debemos ignorarles y elegir la verdad. Estás equipado con la armadura de Dios; no pueden tocarte a menos que bajes la guardia. Con cada flecha de tentación, acusación o engaño que te disparan, simplemente levanta el escudo de la fe, desvía el ataque y sigue caminando. Lleva todo pensamiento cautivo a la obediencia a Cristo. La forma de vencer la mentira es eligiendo la verdad.
— *Dr. Neil T. Anderson*

1 Corintios 2:7-8
La sabiduría de la que hablamos es el misterio de Dios, su plan que antes estaba escondido, aunque él lo hizo para nuestra gloria final aún antes que comenzara el mundo. Pero los gobernantes de este mundo no lo entendieron, si lo hubieran hecho, no habrían crucificado a nuestro glorioso Señor.

¿Alguna vez has notado la estrategia que Satanás usó a lo largo de la historia del Antiguo Testamento? Sus ataques tenían como objetivo evitar el nacimiento del Mesías en Belén, pero, una vez que Jesús nació, las tácticas de Satanás cambiaron un poco. En algunos casos, trató de matar a Jesús antes de que el Señor pudiera alcanzar la cruz. En otras ocasiones, Satanás diseñó numerosos intentos de desacreditarlo, de hacer que tropezara o pecara. Pero Satanás se encontró con la derrota en la cruz. Fracasó al no comprender la estrategia de Dios, y su error final en realidad forzó los eventos para que Jesús, aunque inocente, fuera condenado a morir. El apóstol Pablo notó que Satanás no entendió esto en 1 Corintios 2:8. Desde entonces, las tácticas de Satanás han cambiado. Todavía le interesa obstruir la Palabra (el Verbo estaba con Dios y el Verbo era Dios *(Juan 1:1)*) para que no llegue a las personas que están bajo el dominio de Satanás. Su ataque ahora es doble. Primero, Satanás se concentra en la vida y el nombre de Jesús que todos y cada uno de los creyentes llevan como representantes del Señor. Creo que es importante que los cristianos que sufren persecución se den cuenta que el ataque al que están sometidos no es dirigido a ellos, sino a la vida de Jesús en ellos, una vida que ellos pueden transmitir a los demás. Satanás hará todo lo posible para desacreditarte, asustarte y silenciar tu testimonio para que la nueva vida en ti se detenga contigo. A veces Satanás se extralimita, tal como lo hizo en la cruz, y envía a un creyente a la tumba de un mártir, pero esa vida sigue viva en otros creyentes que continúan dando testimonio de manera más gloriosa y triunfante que nunca.

— *Brother Andrew*

Cristo está construyendo su reino con las cosas rotas de la tierra. Los hombres solo quieren lo fuerte, lo exitoso, lo victorioso, lo ininterrumpido, en la construcción de sus reinos; pero Dios es el Dios

de los fracasados, de los que han fallado. El cielo se está llenando de las vidas rotas de la tierra, y no hay una caña quebrada que Cristo no pueda tomar y restaurar a la gloriosa bendición y belleza. Puede tomar la vida aplastada por el dolor o la tristeza y convertirla en un arpa cuya música será toda alabanza. Puede elevar el fracaso más triste de la tierra hasta la gloria del cielo.
— J. R. Miller

Jeremías 29:11
"Pues yo sé los planes que tengo para ustedes" afirma el SEÑOR, "son planes para lo bueno y no para lo malo, para darles un futuro y una esperanza".

Creo que Dios desea que todos sus hijos sean exitosos, significativos, realizados, satisfechos, alegres, seguros y que vivan en paz. Desde el nacimiento, has estado desarrollando en tu mente un medio para experimentar estos valores y alcanzar otras metas en la vida. Consciente o inconscientemente, continúas formulando y ajustando tus planes para lograr estos objetivos. Pero a veces, tus planes bien intencionados y tus nobles metas no están completamente en armonía con los planes y metas de Dios para ti. "¿Cómo puedo saber si lo que creo es correcto?" te estarás preguntando. "¿Debo esperar hasta que tenga 45 años o hasta que experimente algún tipo de crisis de mediana edad para descubrir que estaba mal lo que creía? No lo creo. Creo que Dios nos ha diseñado de tal manera que podemos saber de manera regular si nuestro sistema de creencias está correctamente alineado con la verdad de Dios. Dios ha establecido un sistema de retroalimentación diseñado para captar tu atención para que puedas examinar la validez de tu objetivo. Ese sistema son tus emociones. Cuando una experiencia o relación te deja sintiéndote enojado, ansioso o deprimido, esas señales emocionales están ahí para alertarte de que puedes estar atesorando un objetivo defectuoso que se basa en una creencia errónea. Si nuestros objetivos son bloqueados, nos enojamos. Si nuestras metas son inciertas, nos sentimos ansiosos. Si percibimos nuestras metas como imposibles, nos deprimimos porque el corazón de la depresión es la desesperanza. ¿Podrá alguna meta dada por Dios ser obstruida, incierta o imposible? Dicho de otra manera, si Dios quiere que se haga algo, ¿se puede hacer?

¡Claro! La pregunta es ¿tenemos una comprensión bíblica del éxito, la importancia, el cumplimiento, la satisfacción, la alegría, la seguridad y la paz? Cuando vemos y perseguimos estos valores desde la perspectiva de Dios, alcanzamos nuestras metas porque son los objetivos de Dios para nosotros.
— *Dr. Neil T. Anderson*

Romanos 8:1
No hay condenación.

Hace muchos años, cuando nuestros niños eran muy pequeños, pasábamos horas enseñándoles a jugar béisbol. Es increíble ver a los niños jugar a la pelota. Ves niños al bate, la pelota pasa seis pies sobre su cabeza y aun así tratan de batear. Luego una pelota va justo al centro y simplemente se quedan allí. El entrenador dice "¡Quédate!" y empiezan a correr. El entrenador dice "¡Corre!" y se quedan quietos. Recuerdo un juego en el que el entrenador le dijo a uno de los jardineros: "muévete, vamos, muévete". El niño no quería. Así que el entrenador lo movió. El terror en su rostro era evidente. "Y Babe Ruth pasa al plato", narraba el entrenador. "Da un poderoso swing y ¡BOOM! Ahí va la pelota. ¡El jardinero está petrificado! No puede moverse y la pelota pasa entre sus piernas". Las lágrimas brotaban de sus ojos y estaba tratando de parpadear. El entrenador que lo movió dijo: "¡Todo está bien! ¡Está bien! ¡Buen intento!" ¿Qué quiso decir con buen intento? ¡Ni siquiera había movido un músculo! Pero al menos no lo golpeó en la cara. "Buen intento. ¡La atraparás la próxima vez!" Una sonrisa se asomó en su rostro, como si dijera "Sí, lo hice bastante bien, ¿no?" Eso es lo que Dios hace cuando fallamos. Nos ayuda a retroceder, nos dice dónde nos equivocamos y nos vuelve a poner en el juego. A eso se refiere Pablo cuando dice que no hay condenación para los que están en Jesucristo. Algunos cristianos pasan por la vida con una gran carga de culpa no solo porque luchan sino porque se sienten condenados por Dios. Sienten que Dios los odia. Pero no es así. Sus pensamientos hacia nosotros son pensamientos de amor. Incluso cuando debe disciplinarnos severamente, lo hace por nuestro propio bien. Incluso su castigo es para nuestro máximo beneficio. No sé de ninguna verdad más importante, más satisfactoria o liberadora que la gran verdad de aquellos que conocen a Jesucristo: no hay condenación.

¿Por qué? Porque Jesús lo pagó todo.
¿Por qué? Porque tus pecados se han ido.
¿Por qué? Porque Jesús condenó el pecado con su muerte en la cruz.

Si condenó el pecado con su muerte en la cruz, Dios nunca te condenará.
El diablo nos condena día y noche y nos susurra al oído, "¡Condenados! ¡Condenados!"
Dios dice: "¡Sin condena!"
¿A quién le vas a creer? ¿Al diablo o Dios?
Tendrás que decidir, pero yo voy a creer lo que Dios ha dicho.

Te insto con todo mi corazón, con cada fibra de mi ser, si no estás seguro, si no sabes dónde estás parado, corre hacia Jesucristo y abraza la cruz. Si estás fuera de Cristo, ven por fe a Jesús. Cuando vengas, descubrirás la verdad más liberadora del mundo: que en Cristo no hay condenación.

— *Dr. Ray Pritchard*

Diario de oración

Fecha de respuesta

DIARIO DE ORACIÓN

Fecha de respuesta

Diario de oración

Fecha de respuesta

Diario de oración

Fecha de respuesta

Diario de oración

Fecha de respuesta

MI ORACIÓN POR TI:
Padre celestial, tus guerreros se están preparando
para la batalla. Por favor dales la fuerza,
la resistencia y la sabiduría que necesitan para hacer
la guerra mientras se apoderan de la victoria
que ya les pertenece en Cristo.
Te lo pido en el preciado
nombre de Jesús,
Amén.

Sé sabio. Sé fuerte. Sé valiente. Sé de Dios.

Me encantará saber de ti.
Ten libertad de contactarme en
www.KathrynMcBride.com.

Letcetera
PUBLISHING
CHICAGO

www.letcetrapublishing.com

www.ingramcontent.com/pod-product-compliance
Lightning Source LLC
Chambersburg PA
CBHW051342040426
42453CB00007B/377